HB Bildatlas

Liebe Leserinnen, liebe Leser!

Trotz vieler Probleme: Der deutsche Osten ist ein Land des Aufbruchs. Neuer hanseatischer Bürgergeist beseelt die Innenstädte von Greifswald, Stralsund, Rostock und Wismar. Einheimische und Zugezogene füllen alte Speicher- und Giebelhäuser mit neuem Leben, renovieren alte Schiffe, Gutshäuser und Landschlösser. Immer mehr Urlauber zieht es in die wieder dem Meer zugewandten Hansestädte, an die stillen Bodden und die weiten, weißen Ostsee-Strände. Diese Gäste sind längst wichtigster Wirtschaftsfaktor im Nordosten. Im Sommer werden vielerorts die Zimmer knapp – und teuer.

Das Hinterland schimmert mal lind-, mal grasgrün unter dem weiten Himmel des Nordens, auf den Wind und Wolken ständig wechselnde Lichtbilder malen; auf spiegelblanke Lagunen, die Bodden, an deren Ufer sich verträumte Dörfer mit reetgedeckten bunten Häuschen kuscheln. Mit Weitsicht hat die letzte, frei gewählte DDR-Regierung den größten Teil der Küste zwischen dem Fischland bei Ahrenshoop und der polnischen Grenze unter den Schutz des Nationalparks Vorpommersche Boddenlandschaft gestellt. Milliarden flossen in den Wiederaufbau historischer Bauten – der Bäderarchitektur des Kaiserreichs, der Backsteingotik oder der mittelalterlichen Bürger- und Kontorhäuser in Greifswald, Stralsund und Wismar.

So bleibt nur noch, sich verzaubern zu lassen von der Vielfalt und der Weite in Deutschlands wildromantischem Nordosten mit seiner 340 Kilometer langen Küste.

Ihr HB-Bildatlas-Team

Die Kölner Fotografin Sabine Lubenow hat ein Herz für die Regionen der neuen deutschen Bundesländer – wobei es ihr an der Ostseeküste besonders gut gefallen hat.

Robert B. Fishman aus Bielefeld schreibt für namhafte Zeitungen und Magazine. Die Ostseeküste Mecklenburg-Vorpommerns hat er für den Bildatlas neu entdeckt.

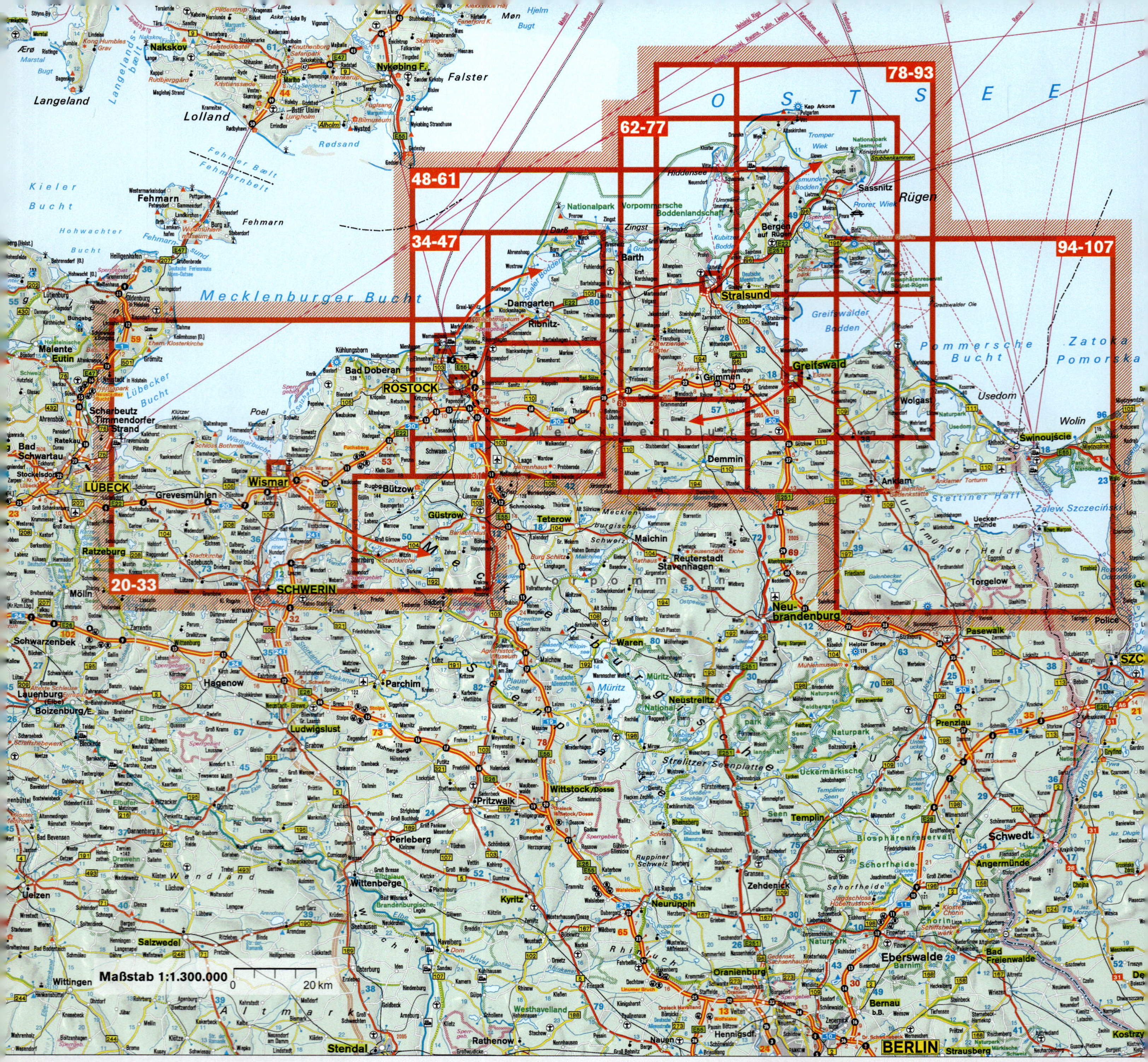

Junges Leben vor alten Mauern: Greifswald

IMPRESSIONEN 6–19

Eine stimmungsvolle Einladung: sportlicher Einstieg und Strandleben, Bewahren von Seefahrttraditionen, Besinnung auf alte Stadtbilder, Wellness statt Sommerfrische und natürlich Rügens weiße Kreidefelsen.

ZWISCHEN TRAVE UND WARNOW 20–33

Junkerland in leerer Hand

Aus dem Holz des Klützer Winkels errichtete Lübeck einst seine Hansemacht. Später bauten die Landwirte hier Getreide an. Die Region wurde zur Kornkammer des Nordens. Mit der Teilung Deutschlands fiel der Winkel in einen Dornröschenschlaf. Hinter Stacheldraht gedieh die Natur in aller Ruhe. Bis heute prägen stille Landstädtchen das sanfte, grüne Hügelland zwischen Lübeck und Wismar.

Cityplan und Straßenkarte 30
Infos 31

ROSTOCK UND WARNEMÜNDE 34–47

Mecklenburgs Tor zur Welt

Für den ersten Seehafen der DDR sammelten Rostocker Bürger einst die Steine. Und am Warnemünder Leuchtturm schauten Fernwehkranke den weißen Fähren nach Schweden und Dänemark hinterher. Die Wunden des Krieges sind bis heute nicht völlig verheilt. Was von der Altstadt übrig blieb, ist inzwischen vorbildlich restauriert. Jedes Jahr im

Wismars Altstadt ist beispielhaft für das frühere Erscheinungsbild der alten Ostsee-Hansestädte

August setzen die Windjammer im Rostocker Hafen wie in alten Zeiten die Segel, was gut eine Million Besucher in die Warnowstadt lockt.

Zwischen See und Bodden

Deutschlands schönste Halbinsel nennen sich die drei zusammengewachsenen Inseln Fischland, Darß und Zingst. Generationen von Seeleuten lernten hier ihr Handwerk. Barther Werften bauten Segelschiffe für die Weltmeere. Heute erinnern die bunt bemalten Kapitänstüren an die Seefahrertradition. Und Urlauber genießen die stille Natur an den Stränden des Nationalparks.

Rückkehr des Hansestolzes

Die Stralsunder haben ihre Hafenstadt wieder entdeckt. Einst fast vergessen auf dem Weg nach Rügen, erstrahlt die alte Hanseperle in ganz neuem backsteinernen Glanz. Nebenan in Greifswald gilt die Universität wieder etwas im Lande. Und nicht nur Studenten schätzen das bunte Leben im Städtchen der kurzen Wege.

Inseln der Gegensätze

Rügen kommt an. Fast jeden Sommer ist Deutschlands größte Insel ausgebucht: Seebäder mit Tradition im Osten, die Kreidefelsenküste noch mächtiger als auf Caspar David Friedrichs Bildern, romantische Buchenwälder, die bis ans blaue Meer heranwachsen. Und nebenan liegt eine Insel für Liebhaber: Hiddensee.

Still das Land, Trubel am Strand

Wie ein Schutzwall schirmt Usedom das Haff ab. Während sich auf dem Weg zur Sonneninsel die Autos stauen, begegnet man in den Ueckermünder Heidewäldern nur Fuchs und Hase. Das Oderhaff ist meist wärmer als die See, und die in Wäldern versteckten kleinen Sandstrände haben Badegäste oft für sich alleine.

Anhang

Besuchen Sie uns im Internet:
www.hb-verlag.de

Inhalt

TOP ZIEL — BESONDERS SEHENSWERT

Einmal ganz hoch hinaus

Natur und Strände gibt es reichlich, um eine eventverwöhnte Zielgruppe zu begeistern. Tauchen, Bogenschießen oder Kitesurfen wie hier am Strand nahe der Insel Poel verschaffen Hochgefühle. Und das Angebot wird ständig erweitert. Geht nicht, gibt es (bald) nicht mehr an Mecklenburg-Vorpommerns Küste.

Easy Going

Von wegen Kalifornien. Rostocker können's auch. Wenn die Sommersonne lacht, drängt es die jungen Leute an die kühlenden Brunnen. Die Studenten an der fast 500 Jahre alten Universität bringen Lebensfreude, Kunst und viel Kultur in die frisch restaurierte Hansestadt (Foto: Universitätsplatz).

Genau das ist Ostsee

Weit geht der Blick über einen Strand, der nie zu Ende zu gehen scheint. Sand und Wellen bis zum Horizont und ohne Sperrstunde unterm Sternenzelt – zur Not auch ohne Strandkorb (Foto: Ahrenshoop).

Alte Liebe rostet nicht

Seefahrttradition ist an der Küste überall zu finden. Zwar sind die Häfen noch von gewisser Bedeutung, und auch Schiffe werden hier noch gebaut. Der Urlaubsstimmung gemäßer sind aber die mit großem Engagement betreuten alten Segler – von der Hansekogge in Wismar über die Zeesboote der Bodden bis zum Windjammer ›Gorch Fock I‹ in Stralsund (Foto).

Für Kenner und Genießer

Der Stolz der Hanseaten ist zurückgekehrt. Auf Traditionen, backsteinerne Kirchen und Giebelhäuser, enge, krumme Gassen mit Kopfsteinpflaster. Und auch wenn die Seeseiten nicht mehr von rundbäuchigen Koggen, sondern von schlanken Jachten bestimmt werden, tut das den prächtigen Panoramen keinen Abbruch (Foto: Stralsund).

Aus Sommerfrische wurde Wellness

Teuer und mondän sind sie wieder, die ›Kaiserbäder‹ auf Usedom. Dem möchten die Seebäder auf Rügen nicht nachstehen (Foto: Seebrücke von Sellin). Für alle gilt: Wo einst Schickeria in der Sommerfrische weilte, steht heute Wellness auf dem Programm. Massagen, Saunen, Tapidarien – Entspannung ist gefragt, in allen Varianten.

Bei Nässe Rutschgefahr!
Toiletten
am Fahrstuhl

Rügens strahlende Seite

Aus dunkelgrünen Buchenwäldern leuchten blütenweiß die Kreidefelsen. Davor schimmert das königsblaue Meer. Rügens schönste Seite. Mittendrin kann man bis nach Sassnitz wandern und mit der herumliegenden Kreide die Felsen bemalen. Die Aussicht von See ist mindestens so schön wie am Königsstuhl, wo sich im Sommer Tausende drängen, um den seit Caspar David Friedrich legendären Blick zu erhaschen.

Junkerland in leerer Hand

Sanfte grüne Hügel wellen sich bis zum Horizont, Alleen säumen krumme, kopfsteingepflasterte Landstraßen. Im Schatten der ehemaligen deutsch-deutschen Grenze ist es still geblieben – in Nordwestmecklenburg, dem Landkreis zwischen Lübeck an der Trave und Rerik am Salzhaff. ›Wenn die Welt untergeht, ziehe ich nach Mecklenburg‹, soll einst Reichskanzler Otto von Bismarck gesagt haben. ›Dort passiert alles 50 Jahre später.‹

Ein abendliches Stillleben bieten Strandkörbe und Brücke von Kühlungsborn.

▲ Fischerboote bestimmen den Hafen von Timmendorf auf Poel

▲ Schloss Bothmer ist eine typische Barockanlage

▲ Neugier in Boltenhagen

▼ Das Salzhaff zwischen Poel und Rerik ist ein Surfrevier

Am Horizont über der Lübecker Bucht verschwimmen die Hochhäuser von Travemünde im Dunst – zu DDR-Zeiten die Landmarken einer nahen, aber unerreichbaren Welt. Für viele, hier wie anderswo im Osten, Inbegriff von Freiheit. Der Schriftsteller Uwe Johnson ging schon vor dem Mauerbau in den Westen. Mecklenburger ist er geblieben.

Phantasie und Wirklichkeit

›Ein Marktort mit zweitausendeinhunderteinundfünfzig Einwohnern, einwärts der Ostsee zwischen Lübeck und Wismar gelegen, ein Nest aus niedrigen Ziegelbauten entlang einer Straße aus Kopfsteinpflaster, ausgespannt zwischen einem zweistöckigen Rathaus ... und einer Kirche aus der romanischen Zeit, deren Turm mit einer Bischofsmütze verglichen wird.‹ Mit diesen Worten beschreibt Uwe Johnson in seinem Roman ›Jahrestage‹ ein verschlafenes mecklenburgisches Landstädtchen. In Klütz findet man es wieder, das ›Jerichow‹ des Romans, in dem die Hauptfigur Gesine Cresspahl 1934 zur Welt kommt. Die Kirche ist da, der Marktplatz, die niedrigen Ziegelbauten und selbst der Hof ihrer Eltern. ›Hinter dem Haus stand ein schwarzer Baum voller Amseln.‹

Lange wussten die Klützer mit dem melancholischen Schriftsteller nichts anzufangen. Inzwischen ehren sie ihn, haben ihm eine Gedenkstätte, ein Literaturhaus, gebaut. Touristen wandeln auf seinen Spuren über die neu kopfsteingepflasterten Straßen, vorbei an frisch restaurierten Ziegelhäusern, vor die ihre Bewohner frische Blumen gepflanzt haben. Schon in den 1960er-Jahren hat sich Uwe Johnson ausgemalt, wäre sein Jerichow ›zum Westen gekommen‹: ›Die Stadtstraße wäre ein Kanal zu ebener Erde, asphaltiert, eingefasst von Kristallglas und Chrom.‹

Spott und Wahrheit liegen nah beieinander. Nur wenige Kilometer weiter westlich, in Schleswig-Holstein, sehen viele Landstädtchen so aus. In Klütz wurden die Straßen nicht verbreitert und nicht geteert, die Kreuzstöcke sind in den Fenstern geblieben, und niemand hat das Fachwerk der Backsteinhäuser verputzt oder mit Eternitplatten zugedeckt. Diesmal war das Geld nicht schnell genug.

▼ *Timmendorf: Man scheint mit dem Fang zufrieden ...*

▲ *Kühle Eleganz innen – hier im Severin Palais des Grandhotels – wie außen: ...*

▼ *... Heiligendamm, die ›weiße Stadt am Meer‹*

▼ *Möwen lassen sich immer gern füttern – auch am Strand von Kühlungsborn*

▲ *In Kühlungsborn reicht es für große Sprünge*

▼ *Nienhagens Attraktion ist der vom Wind bizarr geformte ›Gespensterwald‹*

Im Junkerland

Geblieben ist die Geschichte Nordwestmecklenburgs, fruchtbares Hügelland der Junker und Landadeligen, oder mit den Worten Uwe Johnsons: ›Jerichow gehörte der Ritterschaft, deren Güter es umgaben … Die Ritterschaft hatte den Bauern ihre Höfe genommen, ihre Felder den eigenen zugeschlagen, sie leibeigen gemacht … In diesem Winkel regierte der Adel … als Raubritter berühmt geworden, als Unternehmer wohlhabend.‹

SPECIAL

An der Seegrenze

Heute fallen den meisten Menschen zum Stichwort ›Flüchtling‹ junge Afrikaner ein, die vor Europas Küsten stranden und zurückgeschickt werden. Vor noch nicht einmal 20 Jahren hatte das Wort ›Flüchtling‹ an der ostdeutschen Küste eine ganz andere Bedeutung. Mehr als 4000 DDR-Bürger versuchten bis 1989 ihr Land über die Ostsee zu verlassen – mit Ruderbooten, auf Luftmatratzen oder sogar schwimmend. 34 bewaffnete Schiffe und 800 Soldaten ›sicherten‹ die Seegrenze. Nahe der Grenze zur Bundesrepublik gab es keine Bootsverleiher, Fischer durften niemanden mit auf ihre Kutter nehmen. Lediglich 591 Flüchtlinge schafften es über die Ostsee. 189 ›Republikflüchtlinge‹ ertranken nachweislich beim Versuch, über das Meer in den Westen zu gelangen.

Ritter und Junker sind verschwunden. Die Sowjets haben die Letzten von ihnen unter dem Motto ›Junkerland in Bauernhand‹ mit ihrer Bodenreform enteignet. Geblieben sind Gutshäuser und Landschlösser. Erinnerungsstücke einer untergegangenen Welt, manche dem Verfall überlassen, andere wie Lütgenhof aufwändig zum Hotel restauriert. Mit glitzernden Versprechungen billig in den Besitz eines Schlosses mit eigenem Park gekommen, haben manche den Aufwand unterschätzt. Schnell ging beim Wiederaufbau das Geld aus. Das backsteinrötlich aus seinem weitläufigen Park schimmernde Schloss Bothmer beispielsweise kommt nicht voran. Unklar ist die Zukunft des größten Barockschlosses in Mecklenburg.

▲ Die Wasserkunst bestimmt Wismars weitläufigen Marktplatz

▼ Alter Hafen mit Wassertor

▲ Auf der Poeler Kogge: alte Handwerkskunst gefragt

▼ Backsteingemütlichkeit im ›Alten Schweden‹

▲ Detailreich: Wismars Wasserkunst

Mecklenburgs erste Badesaison

Es war der Graf dieses Schlosses, der – ohne es zu wissen – vor 200 Jahren eine frühe Badesaison an der mecklenburgischen Ostsee eröffnete. Auf Anraten seiner Ärzte ließ sich Graf Bothmer 1803 in einem eigens dafür gebauten Badekarren an den Ostseestrand fahren. Durch eine Luke im Boden stieg er, unsichtbar für das gemeine Volk, ins Meer. Beispiel für immer mehr Adelige und später reiche Bürgerliche.

So entstand unweit Klütz in Boltenhagen Mecklenburgs frühes Ostseebad. Bauern räumten ihre Stuben, um sie an die Sommerfrischler zu vermieten. Später, zu Geld gekommen, bauten sie an für die Feriengäste. Familien zieht es zu Tausenden aus Hotels und Appartements an den weiten Sandstrand, der flach ins Meer übergeht.

Neues Leben im Welterbe

›Stadt‹ ist ein relativer Begriff in einem weiten Land, in das sich zwischen Feldern, Seen und Wiesen nur einige Dörfer um Kirchtürme scharen. Von Westen kommend, erscheint die Hanse- und Welterbestadt Wismar wie eine Großstadt, die sich aufs Land verirrt hat.

Burgen gleich, ragen die Backsteinkathedralen St. Nikolai und St. Georgen aus dem frisch sanierten Puzzle aus Giebel- und Backsteinhäusern des Mittelalters, der Renaissance und des Barock. Vom dritten der ›Roten Riesen‹, von St. Marien, blieb nur der 80 Meter hohe Turm erhalten. In ihrem Schatten trotzt ein quirliges Städtchen dem wirtschaftlichen Niedergang, nachdem der Hafen und die Werft die meisten Mitarbeiter entlassen hatten. ›Früher haben die Hafenarbeiter bei mir ihr Pils und ihren Köm (Kümmelschnaps) getrunken, wenn sie auf ihren Zug nach Hause warteten‹, erinnert sich Hans Wulf, Wirt des ›Zögenkrug‹ ganz in der Nähe des Alten Hafens. Im Hafen arbeiten nur noch 160 Leute. ›Die Gäste‹, meint Wulf, ›trinken heute weniger und bewusster.‹

Aus der Hafenkneipe wurde ein Fischrestaurant, an das große Hoffnungen geknüpft sind. ›Die Wismarer mögen ihre Stadt. Wir leben gerne hier. Das war in der DDR schon so‹, berichtet der in Wismar geborene und aufgewachsene Wirt. Vielleicht ein Grund, warum die schwierige

Bad Doberans Münster

▲ Stadtgeschichte in Wismars Rathausgewölbe

▼ Kaufmannsarchitektur im Schabbellhaus

Lage den Leuten hier weniger aufs Gemüt zu schlagen scheint als anderswo. ›Wir‹, sagt Wulf, ›halten hier zusammen.‹

Die DDR hatte Wismars Altstadt aufgegeben. Wer konnte, zog aus den verfallenden Altbauten in die Neubaugebiete am Stadtrand. Fast zwei Drittel des historischen Zentrums galten 1990 als baufällig. Dass die Stadt neu erstand, verdanken die Wismarer auch Rosi, wie die Wismarer ihre charismatische Bürgermeisterin Rosemarie Wilcken nennen. ›Herzogtum Wilcken‹ übersetzt mancher das Wismarer Autokennzeichen HWI. Andere nennen die selbstbewusste Chefin mit einer Mischung aus Ironie und Bewunderung schlicht Königinmutter. ›Wenn ich 2010 aufhöre‹, versprach die Bürgermeisterin, ›gehört Wismar zu den Entwicklungsregionen in Deutschland.‹ Die Generalprobe für den Aufschwung hat die Hansestadt bestanden.

SPECIAL

Schwäne als Zeichen

Fürst Heinrich Borwin I., so berichtet die Legende, hatte versprochen, ein von Aufständischen zerstörtes Kloster wieder aufbauen zu lassen – an der Stelle, wo er den nächsten Hirsch erlegen würde. Das war genau dort, wo heute das Münster steht – ein sumpfiges Gebiet, auf dem die Baumeister erst nicht arbeiten wollten. Doch als Schwäne aufstiegen und so etwas wie ›dobr, dobr‹ (wendisch für ›gut, gut‹) riefen, wertete Borwin dies als göttliches Zeichen und ließ den Klosterbau beginnen. Der Name Doberan entstand vermutlich auch aus dieser Geschichte.

Stille Insel im Meeresblau

Draußen vor der Stadt in der Wismarbucht liegt die stille Insel Poel als grüner Klecks im Meeresblau. Schafe und Pferde grasen auf den weiten Feldern. Der Sturm jagt Wolkengebirge über den Himmel, die das ganze Bild über dem flachen Landstrich füllen. Doch der Regen hat aufgegeben. Die Wolken reißen auf. Und ein Sonnenstrahl fällt auf Kirchdorfs trutzig gemauerte Kirche – und auf eine kleine eigene Welt.

58
Mecklenburger Bucht
Lübecker Bucht
Travemünde-Trelleborg 7-9h, Malmö 9h, Helsinki 32-36h
Kühlungsborn-West
Ost
Heiligendamm
Bad Doberan
Klosterkirche
Warnemünde
ROSTOCK
Marienkirche
Kröpeliner Str.
Rerik
Wustrow
Kröpelin
Neubukow
Poel
Insel Poel
Kirchdorf
Timmendorf
Boltenhagen
Klütz
Schloss Bothmer
Grevesmühlen
WISMAR
Fürstenhof
Nikolaikirche
Markt
Dorf Mecklenburg
Bad Kleinen
Schweriner See
Neukloster
Klosterkirche
Gadebusch
Vietlübbe
Schönberg
Dassow
Grömitz
Schashagen
TRAVEMÜNDE
Brodtener Steilufer
Salzhaff
Wismar Bucht
Maßstab 1:300.000
5 km
Maßstab 1:19.000
300 m
Wismar
ALTSTADT
Alter Hafen
Baumhaus
Westhafen
Philosophen-
Dahlmannstr.
Dr.-Leber-Str.
Lübsche Str.
Schweriner S.
Bgm.-Haupt-Str.
Kanal-
Mühlenbach
LENENSRUHE
1 R.-Karstadt-Platz
4 Kristallweg
5 Kandisplatz
1 Schwarzk
2 Gerberho
3 Grothuse

Infos

Klütz ①

›Klützer Winkel‹ heißt das östliche Lübecker Hinterland zwischen dem Dassower See und dem Wohlenberger Wiek. Als Grenzbereich hat sich der Landstrich seinen Charme bewahrt. Vom Klutzwald allerdings ist nicht viel übrig. Seit 1188 holten sich hier die Lübecker ihr Holz für den Haus- und Schiffsbau und damit die Grundlage für ihren Aufstieg zur mächtigsten deutschen Hansestadt. Der weitgehend abgeholzte Klützer Winkel wandelte sich zu einer Kornkammer Mecklenburgs. An reiche Ernten erinnern zahlreiche Herrenhäuser.

Sehenswert: Klütz glänzt mit einigen schönen **Fachwerkhäusern** und seiner **Marienkirche** (13. Jh.), die Romanik und Gotik unter ihrem ›Bischofsmützen‹-Dach vereint. Im **Alten Speicher** hat das Literaturhaus Uwe Johnson eröffnet und erinnert an den mecklenburgischen Schriftsteller (1934–1984).

Umgebung: Etwas außerhalb steht Mecklenburgs größtes **Barockschloss** in einem weitläufigen Park am Ende einer Lindenallee. Hans Casper Graf von Bothmer ließ sich das Schloss (1726–1732) aus unverputzten Backsteinen in die hügelige Landschaft setzen; als Vorbild diente Blenheim Castle im englischen Oxfordshire. Im Sommer gastiert im Schlosspark das Mecklenburgische Musikfestival. Südl. Dassow (18 km südw.) bietet **Schloss Lütgenhof** ein schönes Hotel mit Restaurant und Bistro (www.schloss-luetgenhof.de). Bei **Kussow** (10 km südl.) dokumentieren einige Nachbauten steinzeitlicher Häuser das Leben der Menschen zu der Zeit, als sie sesshaft wurden – vor 7000–4000 Jahren. Die einzigen sichtbaren Hinterlassenschaften dieser Zeiten sind die Großsteingräber. Ein Pflanzengarten informiert über Kräuter und andere Kulturpflanzen (Öffnungszeiten unter Tel. 03881/715055).

ⓘ Fremdenverkehrs- und Informationszentrum, Schlossstraße 34, 23948 Klütz, Tel. 038825/22295, www.kluetzer-winkel.de

Boltenhagen ②

1803 ließ sich Graf von Bothmer aus Klütz eine hölzerne Badekarre an den Ostseestrand stellen und gründete damit unwissentlich das zweitälteste Seebad an der Ostseeküste. ›Wer mal sin Nerven will upfrischen, wer mal sin Sorgen möchte wegwischen, wer plägen will mal sin Magen, die führt getrost nach Boltenhagen‹, schrieb gut 50 Jahre später Mecklenburgs Nationaldichter Fritz Reuter. Heute bietet Boltenhagen eine Seepromenade, 4,5 km weißen Sandstrand und lebt als Kur- und Seebad weitgehend vom Tourismus.

Musik im Kurpark – auch in Boltenhagen

Sehenswert: 290 m lang ist die **Seebrücke**. In Alt-Boltenhagen finden sich noch einige niederdeutsche **Hallenhäuser**.

Aktivität: Die **Ostsee-Therme** bietet – auch im Winter – herrlich warmes Meerwasser (Ostseeallee 106, Tel. 038825/493; tgl. 10.00 bis 21.00 Uhr).

Umgebung: Die **Steilküste Großklütshöved** (nordw.) ist nach den Kreidefelsen auf Rügen höchste in Mecklenburg-Vorpommern.

ⓘ Kurverwaltung, Ostseeallee 4, 23946 Ostseebad Boltenhagen, Tel. 038825/3600, Fax 038825/36030, www.boltenhagen.de

Insel Poel ③

Erst seit 1903 gehört die 37 km² kleine Insel (rund 2800 Einw.) zusammen mit Wismar wieder zu Mecklenburg. Die Schweden gaben Wismar und Umgebung in jenem Jahr nach rund 250 Jahren Regentschaft an das deutsche Herzogtum zurück. Familien verbringen gerne ihre Ferien auf dem flachen, grünen Eiland mit sanft ins Wasser abfallenden Stränden. Im Frühjahr blühen vor der blauen Ostsee die Rapsfelder in leuchtendem Gelb.

Sehenswert: Schon von weitem ist die romanisch-gotische **Inselkirche** (13./14. Jh., Kirchdorf) mit ihrem 47 m hohen Turm sichtbar. Der **Leuchtturm** von Timmendorf an der Einfahrt zum Hafen Wismar ging 1871 in Betrieb und wurde 1921 erweitert.

Museum: Das **Heimatmuseum** in der 1806 erbauten Schule zeigt auch ein Modell der Schlosswallanlage, die im Dreißigjährigen Krieg zerstört wurde (Möwenweg 4; Mitte April–Mitte Sept. Di.–So. 10.00–16.00, sonst Di., Mi. und Sa. 10.00–12.00 Uhr).

Aktivitäten: Nach Wismar fahren regelmäßig **Ausflugsschiffe** der Reederei Clermont (Tel. 038425/20689; www.reederei-clermont.de).

Einkaufen: Eine kulinarische Bekanntheit sind die **Poeler Krabben**.

ⓘ Kurverwaltung, Wismarsche Straße 2, 23999 Kirchdorf, Tel. 038425/20347, Fax 038425/4043, www.insel-poel.de

Ostseebad Rerik ④

Zwischen Ostsee und Salzhaff liegt das ehemalige Fischerdorf ›Alt Gaarz‹. Die Nationalsozialisten erklärten den Ort 1938 zu einer Wikingersiedlung, benannten ihn in Rerik um und verliehen ihm die Stadtrechte. Tatsächlich fand man später in der Umgebung Reste einer dänischen Wikingersiedlung.

Sehenswert: Ungewöhnlich für Norddeutschland ist die bunte, barocke Bemalung in der um 1250 erbauten frühgotischen **Johanneskirche** mit ihrem quadratischen Turm mit ›Bischofsmütze‹.

Einkaufen: Im Hafen liegen die **Kutter** der letzten zehn Reriker Fischer. Gegen 10.00 Uhr verkaufen sie direkt vom Boot.

Aktivitäten: Der Bootsanleger am Salzhaff ist Startpunkt der **Schiffsausflüge**, u.a. zur Vogelschutzinsel Langenwerder (www.

TIPP

Entdeckung der Langsamkeit

Es zischt, pfeift, qualmt. Dann schiebt sich ein schwarzer Koloss um die Ecke: die Dampflok der Mecklenburgischen Bäderbahn, Baujahr 1932. Weiße Schwaden wabern übers Pflaster. Eine knappe Dreiviertelstunde braucht das schnaufende Ungetüm für die Reise von Bad Doberan ins gut 15 km entfernte Kühlungsborn-West. Seit 1886 zockelt ›Molli‹ brav entlang der 2 km langen Lindenallee von Doberan Richtung Heiligendamm, vorbei an der Kempinski-edel gewordenen ›weißen Stadt am Meer‹. Wenn ›Molli‹ ankommt, hat das 1500 Grad heiße Feuerloch 350 kg Kohle verschlungen und 1,5 m³ Wasser in Luft aufgelöst. Echte ›Pufferküsser‹ träumen davon, ›Molli‹ nach ihrer Pfeife zischen und dampfen zu lassen. Kein Problem, man kann sich zum Ehrenlokführer ausbilden lassen (Mecklenburgische Bäderbahn Molli, Am Bahnhof, 18209 Bad Doberan, Tel. 038203/4150, www.molli-bahn.de).

In vergleichbarem Tempo werden auch die 15 km von Grevesmühlen nach Klütz überwunden – in Panoramawagen mit Frischluftgarantie. Vornweg dampft im Sommer der ›Kaffeebrenner‹, Baujahr 1953. Seinen Namen hat das Ungetüm nach der Form seines Schornsteins – einer qualmenden Kaffeemühle ähnlich (›Klützer Kaffeebrenner‹ e.V., Bahnhofstraße 1, 23923 Lüdersdorf, Tel. 038821/60506, www.kaffeebrenner.de).

langenwerder.de) und mehreren Orten an der Festlandküste, bevor sie in Gollwitz auf Poel festmacht; man kann unterwegs aussteigen und mit dem Fahrrad weiterfahren (Fahrgastschifffahrt Steußloff, Tel. 038296/74761, www.ms-ostseebad-rerik.de).

ⓘ Kurverwaltung, Dünenstraße 7,
18230 Ostseebad Rerik, Tel. 038296/78429,
Fax 038296/78513, www.ostseebad-rerik.de,
www.rerik.de

Ostseebad Kühlungsborn 5

Das schon zu DDR-Zeiten größte Seebad (7400 Einw.) an der ostdeutschen Küste streckt sich schmal und lang zwischen dem breiten, weißen Strand und den bewaldeten Hügeln der Kühlung. Man flaniert auf der mehr als 4 km langen Strandpromenade (angeblich die längste Deutschlands) vorbei an mit Giebeln, Balkonen, Türmchen und Erkern dekorierten Bäderarchitektur-Villen der Kaiserzeit. An der 240 m langen Seebrücke legen Ausflugsdampfer an.

Sehenswert: In der 1906 erbauten neoklassizistischen, weißen Villa **Haus Laetitia** residieren Kurverwaltung und Tourist-Information. Im Ortsteil Ost (früher Brunshaupten) steht oberhalb des Stadtwalds die **Johanniskirche** mit einem Glockenturm aus Holz und spätromanischem, aus Bruchsteinen gemauertem Kirchenschiff (Madonna 13. Jh., Glasmalereien 17. Jh.; Tel. 038293/17261, www.kirche-kborn.de).

Museum: Wechselnde Ausstellungen, Lesungen und Veranstaltungen bietet der **Kunstverein** (Lesehalle, Ostseeallee 48, www.kunsthalle-kuehlungsborn.de).

Veranstaltungen: In der 1912 im Bäderstil erbauten **Villa Seerose**, einer Kneipe mit Seemannsflair, erklingen von Mai bis Sept. Mo. 20.00 Uhr Seemannslieder auf dem Schifferklavier (Waldstraße 7, Tel. 038293/7290, www.villa-seerose.de).

ⓘ Touristik-Service, Ostseeallee 19,
18225 Ostseebad Kühlungsborn,
Tel. 038293/8490, Fax 038293/84930,
www.kuehlungsborn.de

Bad Doberan 6

Im Schatten weitläufiger Buchenwälder liegt das Heilbad Doberan (12 400 Einw.). Von Westen her führt eine der längsten Lindenalleen Europas auf das Städtchen zu. Entstanden ist Doberan um das 1171 gegründete Zisterzienserkloster. Im 18. Jh. wählte Großherzog Friedrich Franz I. Doberan zu seiner Sommerresidenz. 1793 gründete er am Heiligen Damm Deutschlands erstes Seebad. Geblieben sind aus jener Zeit der Kurpark ›Kamp‹ mit seinem weißen Pavillon und einige barocke Straßenzüge in der Altstadt, durch deren Gassen die Dampfbahn ›Molli‹ zuckelt.

Sehenswert: Das Landesdenkmalamt nennt das **Doberaner Münster** ›das bedeutendste mittelalterliche Bauwerk‹ Mecklenburg-Vorpommerns. In der backsteingotischen Klosteranlage der Zisterzienser aus dem 14. Jh. – der wohl besterhaltenen in Europa – findet sich u. a. Deutschlands ältester Flügelaltar (um 1310). Von Mai bis Okt. gibt es Fr. 19.30 Uhr Konzerte in der Klosterkirche; um 18.30 Uhr beginnen Führungen durch die Anlage – die Konzerte sind gut besucht und die Parkplätze schnell belegt. Außerdem diverse Sonderführungen, u. a. spezielle Kindertouren Di. und Sa. 11.00 Uhr (Tel. 038203/62716, www.doberanermuenster.de).

Museum: Das 1886–1888 neugotisch errichtete **Stadt- und Bädermuseum** präsentiert anhand alter Grafiken, Reiseutensilien und Bademoden u. a. die Geschichte des Seebads Heiligendamm (Beethovenstraße 8, www.stadtmuseum.moeckelhaus.de; Mitte Mai–Mitte Sept. Mo.–Fr. 10.00–12.00 und 13.00–17.00, Sa. und So. 13.00–17.00 Uhr, sonst kürzer).

Aktivitäten: Im 700 Jahre alten **Kornhaus** des Zisterzienserklosters gibt es u. a. Mal-, Zeichen-, Filz- und Töpferkurse für Kinder und Erwachsene und viele weitere Veranstaltungen (Tel. 038203/62280, www.kornhaus-baddoberan.de).

Umgebung: Die 1793 als erstes deutsches Seebad gebaute ›weiße Stadt am Meer‹ hat die Kempinski-Hotelkette für mehr als 200 Mio. Euro zu einem modernen Luxusressort hinter klassizistischen Fassaden umgestaltet. Auf halbem Weg nach Heiligendamm liegt die 1822/1823 errichtete, älteste **Galopprennbahn** des europäischen Kontinents. Die Pferde laufen hier auf Rasen (Doberaner Pferderenntage im Juli) und Hunde auch (Windhundrennen im Juli; Ostsee-Rennbahn, Tel. 038203/17640, www.ostseerennbahn.de).

ⓘ Tourist-Information, Severinstraße 6,
18209 Bad Doberan, Tel. 038203/62154,
Fax 038203/77050, www.bad-doberan.de

Architektonische Kostbarkeit: Doberans Münster

TIPP

Königlich Hannoversche Post

Der Postillon in roter Uniform öffnet den Wagenschlag. Wie anno 1828 geht es mit der Postkutsche an die See. In Travemünde schifft sich die Reisegesellschaft auf einem alten Postsegler ein. Landgang in Wismar, wo die Reise ins mecklenburgische Hinterland weitergeht – per Postkutsche. ›Auch die Gäste tragen bei uns die Trachten der Biedermeierzeit‹, erklärt Curt Pomp vom Verein ›Reisen in die Vergangenheit‹ (Untere Ohlingerstraße 7, 21335 Lüneburg, Tel. 04131/31424, www.biedermeierreisen.de). Unterwegs steuert die Reisegesellschaft abgelegene historische Gasthäuser an, die Zimmer stilecht mit Waschschüssel und -krug.

Wismar 7–16

Zusammen mit der Stralsunder Altstadt gilt der Stadtkern von Wismar (46 000 Einw.) als ›idealtypisch für die entwickelte Hansestadt aus der Blütezeit des Städtebundes im 14. Jahrhundert‹ als Unesco-Welterbestätte. Straßennetz und Parzellenstruktur spiegeln die Anlage von Seehandelsstädten nach Lübischem Recht. Die zur Hansezeit im 14. und 15. Jh. reichen Bürger der Stadt ließen sich prächtige Kontorhäuser und sechs große Kirchen bauen. Bekannt ist der Wismarer Marktplatz (mit 1 km² angeblich der größte an der Ostsee) mit seiner Wasserkunst, einem von fast 300 Baudenkmälern der Stadt. 1229 wurde Wismar als slawischer Fischerei- und Seehandelsplatz erstmals erwähnt.

Sehenswert: Im Stil der niederländischen Renaissance entstand von 1580 bis 1602 auf dem **Markt** die **Wasserkunst** 11 als zwölfeckiger Brunnen-Pavillon. Die Spruchbänder berichten von der Wasserversorgung in früheren Zeiten; bis 1897 erhielten die Wismarer hier ihr Trinkwasser. 1807 stürzte der linke Flügel des spätgotischen **Rathauses** 11 ein, und man baute es bis 1819 klassizistisch wieder auf. Sein Gewölbekeller war erhalten geblieben (heute stadtgeschichtliche Ausstellung ›Wismar – Bilder einer Stadt‹, tgl. 10.00–18.00 Uhr). Das Wohn- und Speicherhaus ›**Alter Schwede**‹ 11 mit seinem gotischen Backsteingiebel wurde um 1380 erbaut

Infos

Repräsentationsgiebel – rechts ›Alter Schwede‹

(heute Gaststätte). Das 1569–1571 für den späteren Wismarer Bürgermeister Hinrich Schabbell errichtete **Schabbellhaus** 10 gilt als eines der frühesten Renaissancegebäude im Ostseegebiet; es kombiniert Backstein mit Sandsteindekor. Das um 1450 im spätgotischen Stil errichtete **Wassertor** 8 am Alten Hafen ist das letzte von fünf Stadttoren in der 4 m hohen Stadtmauer. Das quadratische barocke **Baumhaus** 7 (Mitte 18. Jh.) mit den zwei Schwedenköpfen vor dem Portal hat seinen Namen von dem früheren Schlagbaum; der ›Baum‹ war ein schwimmendes Langholz, das bei Nacht oder bei drohender Gefahr zur Absperrung der Hafeneinfahrt diente. In die Lagerhäuser und Speichergebäude am **Alten Hafen** sind Restaurants und Kneipen eingezogen. An der **Scheuerstraße** sind Giebel- und Traufenhäuser aus vielen Jahrhunderten erhalten geblieben. Das **Zeughaus** 16 gilt als eines der bedeutenden barocken Zeugnisse schwedischer Militärarchitektur in Deutschland; nach einer Pulverexplosion 1699 wurde der heutige Bau errichtet (Stadtbibliothek). Der **Fürstenhof** 14 war der Sitz der mecklenburgischen Herzöge; der westliche Flügel, das ›Alte Haus‹, entstand 1512/1513, das mit plastischem Kalkstein- und Terrakottaschmuck verzierte ›Neue Haus‹ 1553/1555 im Stil der italienischen Renaissance (heute Amtsgericht). Der Jugendstilbau (1908) Krämer-/Ecke Lübsche Straße ist **Karstadt-Stammhaus** 12; Rudolph Karstadt hatte hier 1881 mit einem Angestellten begonnen.

Das 37 m hohe Mittelschiff von **St. Nikolai** 9 (Urspr. 14. Jh.) ist nach dem Kölner Dom und dem Ulmer Münster drittgrößtes Deutschlands; 1703 stürzte der Turm ein, die Inneneinrichtung wurde barock ersetzt. St. Nikolai, Kirche der Schiffer und Fahrensleute und für viele Fachleute schönste Backsteinkirche Norddeutschlands, beherbergt viele mittelalterliche Kunstschätze. **St. Georgen** 14, einst das Gotteshaus der Handwerker und Gewerbetreibenden, gilt als beispielhaft für norddeutsche Backsteingotik; mehr als 300 Jahre dauerte der Bau bis 1594 (Wiederaufbau seit 1990). In der schlichten Backstein-Saalkirche zum **Heiligen Geist** 15 (13. Jh.) mit angegliedertem Hospital sind zahlreiche Decken- und Wandmalereien erhalten geblieben; sehenswert ist der Schnitzaltar (um 1500). 1960 wurde die kriegsbeschädigte **Marienkirche** 13 gesprengt; ihr 80 m hoher Turm blieb als Wahrzeichen stehen; das Glockenspiel lässt um 12.00, 15.00 und 19.00 Uhr einen Choral erklingen.

Museen: Das **Technische Landesmuseum** zeigt DDR-Oldtimer, Flugzeugmodelle von Heinkel (Rostock), Arado (Anklam) und Fokker, Industriemaschinen im Modell und im Original, Kommunikations- und Haushaltstechnik (Glaspavillon im Wismarer Bürgerpark, westl. außerhalb der Innenstadtkarte, www.tlm-mv.de; Di.–So. 10.00–17.00 Uhr). Das **Stadtgeschichtliche Museum** 10 im Schabbellhaus zeigt u. a. eine der größten medizinhistorischen Sammlungen Norddeutschlands (Schweinsbrücke 8, www.schabbellhaus.de; Mai–Okt. Di.–So. 10.00–20.00, sonst bis 17.00 Uhr). Am Alten Hafen (Ostseite) entsteht die ›**Holzstadt**‹, ein Themenpark rund um Baum und Holz (www.holzstadt.com).

Aktivitäten: Auf 15 000 m² bietet das **Freizeitbad Wonnemar** Sport und Spaß (Bürgermeister-Haupt-Straße 38, westl. außerhalb der Innenstadtkarte, www.wonnemar.de; tgl. 10.00–21.00 Uhr). Törns unter rotbraunen Segeln ermöglicht die ›**Atalanta**‹, ein 36 m langer Zweimastschoner (Förderverein ›Atalanta‹, Lübsche Straße 95, 23966 Wismar, Tel. 03841/772006, www.ss-atalanta.de).

Einkaufen: In alten Wismarer Kellergewölben gärt es; Führungen, Kostproben und Fabrikverkauf bietet Deutschlands nördlichste **Sektkellerei** (Hanse Sektkellerei, Turnerweg 4c, 23966 Wismar, Tel. 03841/48480, www.hanse-sektkellerei.de). Bei schönem Wetter stellt das **Antiquariat & Weinkontor** einen Tisch auf den Bürgersteig; wer Lust hat, setzt sich auf einen Wein und einen Schnack dazu (Büchereck Pusch, Dankwartstraße 61a).

Veranstaltungen: Jeden Samstag ist **Fischmarkt.** Beim **Hafenfest** (Juni) liegen Großsegler im Hafen. In geraden Jahren **Straßentheaterfestival** BoulevART, in ungeraden Jahren Folklorefestival (Juni; Tel. 03841/259496) mit Teilnehmern aus aller Welt. Das **Schwedenfest** (Aug.) erinnert an die Zeit, als Wismar, Neukloster und Poel zu Schweden gehörten (1648–1903).

Umgebung: Dorf Mecklenburg (5 km südl.) gab dem Land 995 als Herrschaftssitz seinen Namen (Burgwall).

Alle zwei Jahre treffen sich Bildhauer aus dem In- und Ausland, um Skulpturen für den immer zugänglichen ›**Kunstweg**‹ zwischen Weitendorf und Jassewitz zu schaffen (8 km westl.; Kunstverein Kapelle Weitendorf, Dorfstraße 10, 23968 Gägelow-Weitendorf, Tel. 03841/632942, www.kunstverein-weitendorf.city-map.de).

ⓘ Tourist-Information, Am Markt 11, 23966 Wismar, Tel. 03841/19433, Fax 03841/2513091, www.wismar.de

TIPP

Volkskammer live

Mit seiner langen, grauen Mähne sieht Pitt Sturm nicht so aus, als sehne er sich nach der DDR. ›Nein, die will ich für kein Geld der Welt wieder haben.‹ Dem deutschen Sozialismus trotzte er mit heimlichen Mitschnitten offiziell verachteter Musik: Zappa, Stones und Jimi Hendrix, um sie an Freunde zu verschenken und zu verkaufen. Heute zapft Pitt Bier unter dem Konterfei von Walter Ulbricht. In seiner Kneipe ›Volkskammer‹ (Ziegenmarkt 1, Tel. 03841/282006) hängen DDR-Uniformen, SED- und Pionier-Fahnen. Alte Zeitungsausschnitte verkünden Siege in Ernteschlachten. Die Ironie sieht man erst auf den zweiten Blick. Im Wappen der DDR stoßen zwei Hände mit vollen Bierkrügen an. Von den 100-Ostmark-Scheinen lächelt statt Karl Marx Erich Honecker – in gestreifter Häftlingskleidung.

TIPP

Reisen vor einem Mast

Langzeitarbeitslose bauen in Wismar eine Hansekogge aus dem 14. Jh. nach. Sogar die Nägel schmieden sie selbst – wie vor 650 Jahren. Als Vorlage dient ein Wrack, das Fischer 1999 vor der Poeler Küste gefunden haben. Das muschelförmige Schiff war einst 31,5 m lang und bot Platz für 200 t Ladung. Mit nur 2 m Tiefgang war es speziell für die flachen Boddengewässer und Sunde an der Ostsee gebaut. Zur ›Hanse Sail‹ 2006 soll ›die größte Kogge der Welt‹ erstmals auslaufen. Im Alten Hafen kann man das Schiff besichtigen (Förderverein Poeler Kogge, Koggenhaus, Am Hafen, www.poeler-kogge.de; 7.00/10.00–18.00 Uhr).

Radeberger

Mecklenburgs Tor zur Welt

Rostock empfängt seine Besucher eher kühl. Manches erinnert an beliebige deutsche Fußgängerzonen. Aus den 1980er-Jahren stammt der Versuch, hanseatische Giebel mit Betonplatten zu imitieren. Doch wer mit offenem Blick durch die Straßen geht, wird vieles entdecken: hier ein Kulturcafé, dort einen ausgefallenen Laden, ein altes Hansehaus oder das bunte Künstler- und Studentenviertel hinter dem Kröpeliner Tor. Auch in Warnemünde, Rostocks kleiner Tochter, ist alles Alte neu. Fischerhäuschen wurden zu Cafés und Restaurants an kopfsteingepflasterten Gassen.

Warnemünder Wahrzeichen: ›Teepott‹ und Leuchtturm.

▲ Rostocks Wasserseite Am Strande mit den Speichern

▼ Hier lädt die ›Kogge‹ ein

▼ Das Traditionsschiff dient heute …

▲ … als Schiffbau- und Schifffahrtsmuseum

▼ Überaus maritime Atmosphäre in der ›Kogge‹

▲ *Die Wokrenter Straße führt hinab zum Hafen – vorbei an alten Fassaden*

Die Rostocker 7: Soeben Toern t Sint Marien Karck / Soeben Straten by dem groten Marckt / Soeben Dore so dar gaen to Lande / Soeben Koepmanns-brüggen by dem Strande / Soeben Toern so up dat Rauthus stahn.

Sieben Türme auf Sankt Marien, sieben Straßen zum Markt, sieben Tore zum Land, sieben Anlegestellen zum Strand, sieben Glocken, sieben Linden im Rosengarten und sieben gotische Schmucktürmchen auf dem Rathaus. Immer wieder begegnet man in Rostock der Zahl 7. Im Mittelalter galt sie als magisch – und göttlich. Und Seine Unterstützung schien die Stadt zu haben. Im 13. und 14. Jahrhundert war Rostock nach Lübeck die reichste und mächtigste Hansestadt. ›Frei wie ein Greif und stark wie ein Löwe‹ war das Motto der Rostocker See- und Kaufleute. Die beiden Tiere und das Rot-Weiß des Städtebunds finden sich bis heute im Stadtwappen.

Himmelstrebender Backstein

Mächtige Bauwerke entstanden während dieser Blütezeit. Weil es an der Ostsee keine zum Bauen tauglichen Natursteine gab, imitierten die mittelalterlichen Baumeister den Stil der großen gotischen Kathedralen Frankreichs – in Reims oder Chartres – mit gebrannten Lehm- und Tonziegeln. In einem Wettstreit versuchten die Hansestädte an der Ostsee, sich gegenseitig mit immer größeren und prächtigeren Backsteinkathedralen zu übertrumpfen. Auch die reichen Kaufmannsfamilien setzten sich mit aufwändig verzierten Giebelhäusern immer neue, teurere Denkmäler.

Schon 1419 leistete sich Rostock die erste Universität an der Ostsee. ›Doctrina multiplex veritas una‹ – Lehren gibt es viele, Wahrheit nur eine – steht an der Fassade des Neorenaissancebaus, vereinnahmt von der DDR und benannt nach ihrem ersten Präsidenten. Inzwischen wurde Wilhelm Piecks Name wieder aus der Fassade geschlagen. Geblieben ist dagegen ein ›Denkmal‹ des 19. Jahrhunderts. 1814 hatte eine Hamburger Zeitung gemeldet, dass die Stadt Rostock ihren Sohn Gebhard Lebe-recht Fürst Blücher von Wahlstatt mit einem Standbild ehren wolle. Der Generalfeldmarschall bedankte sich beim Rat der

▲ *Bei der ›Hanse Sail‹ reihen sich Buden und Fahrgeschäfte in Rostocks Stadthafen*

▼ *Ohne Bart nicht vorstellbar: Rostocker Seebär*

◄ *Handarbeit auf alten Seglern: Segel bergen*

▼ *Fisch gehört einfach dazu – auch bei einem Volksfest wie der ›Hanse Sail‹*

▼ *Der Nachwuchs geht auf erste Tuchfühlung*

Stadt – der von den Plänen allerdings nichts wusste. Um sich nicht zu blamieren, sammelten die Ratsherren eilig Geld, und seither wird neben der Universität an den Helden von Waterloo erinnert.

Im Bombenhagel vernichtet

Ihre schwerste Niederlage erlebte Blüchers Heimatstadt rund 150 Jahre später: Britische und US-amerikanische Bomber legten die Stadt 1942 in Schutt und Asche. Die Angriffe galten hauptsächlich den Heinkel-Werken, die für die Luftwaffe Flugzeuge bauten. Dennoch wurden 40 Prozent der Wohnungen, ein Fünftel der Kulturgüter zerstört. In seinen Romanen beschreibt Walter Kempowski, Jahrgang 1929, eindringlich den Rostocker Alltag dieser Kriegszeiten.

SPECIAL

Blick in Zeitgeschichte

In ›Tadellöser & Wolff‹, ›Uns geht's ja noch Gold‹ und anderen Romanen hat der Autor Walter Kempowski seine Jugenderfahrungen im Rostock der 1930er-und 1940er-Jahre sowie die Geschichten mehrerer bekannter Rostocker Familien verarbeitet. Nur wenige Autoren nutzen Zeitzeugenberichte so intensiv für ihre Romane. In den letzten Kriegstagen entging Kempowski als zwangsrekrutierter Hitlerjunge nur knapp dem Einsatz im letzten Aufgebot. Nach dem Krieg saß er wegen einer dubiosen, angeblichen Spionagegeschichte acht Jahre im späteren DDR-Gefängnis Bautzen, bis ihn die Bundesrepublik freikaufte. Danach arbeitete er als Dorflehrer in Niedersachsen. Doch im Westen der ›68er‹ fühlte er sich – DDR-Flüchtling und Gegner des dortigen Systems – ›benachteiligt‹. Über Jahrzehnte sammelte Kempowski die Geschichten Einzelner und Familien aus dem Zweiten Weltkrieg. 2005 erschien unter dem Titel ›Abgesang‹ der letzte Teil des mehrbändigen ›Echolots‹, eines Tagebuchs des deutschen Kriegsalltags mit Berichten vieler Einzelpersonen.

Die steinernen Zeugen des alten Rostock, die das Inferno überstanden haben, sind inzwischen saniert. Um das Zentrum legten die DDR-Bauherren in den 1950er-Jahren einen Ring mehrstöckiger Wohn- und Geschäftshäuser. Unter Walter Ulbricht

▲ *Gotik, barock verblendet: Rostocks Rathaus*

▼ *Rostocker Universität*

▼ *In der Astronomischen Uhr der Marienkirche arbeitet noch das Originaluhrwerk*

▼ *Spaß für jeden am Universitätsplatz*

▶ *Im Schatten der Marienkirche*

schuf man mit der Langen Straße Aufmarschraum nach dem Vorbild der Berliner Karl-Marx-Allee. Die Gebäude versah man mit Ornamenten im Stil der historischen Rostocker Backsteingotik.

SPECIAL

Geschwungener Beton

Mit dem ›Teepott‹ gelang dem Architekten Ulrich Müther in den 1960er-Jahren ein neues Warnemünder Wahrzeichen. Mehr als 50 geschwungene, muschel-, wellen- und segelförmige Gebäude und Objekte bauten Müther und sein Team ab 1962. In den ›Sonderbauten‹ – DDR-Jargon – steckte viel Arbeit, aber wenig Material. Ideal für ein Land, in dem Baustoffe knapp waren. Als Kind hatte Müther stundenlang mit Muscheln am Strand seiner Heimatinsel Rügen gespielt. Später, als Architekt, baute er seine Modelle aus den Schalentieren vom Strand, aus Netzen und Segeltuch. So gewann der Baumeister dem scheinbar drögen Baustoff Beton immer neue Formen ab. Seine Pilzdächer, Bobbahnen und vor allem Planetariumskuppeln verkaufte die DDR bis nach Libyen und – gegen 10 000 VW Golf – auch in die Bundesrepublik. An der Küste hat der Betonkünstler weitere Spuren hinterlassen: in Binz die Rettungsstation ›Strandwache‹ oder in Wismar die ehemalige Hochschulmensa. Inzwischen verfallen viele der Müther-Bauten. Das vereinigte Deutschland hat seinen Frieden mit der DDR-Architektur noch nicht gefunden.

Duft der großen weiten Welt

Das lebendige Rostock von heute zeigt sich weiter westlich, jenseits des Kröpeliner Tors, wo die meisten Touristen das Ende der Stadt vermuten. Die Mietshäuser, Gründerzeit- und Jugendstilbauten tragen modisch frisches Rot, Blau, Grün oder Gelb. Immer mehr Junge ziehen in das ehemalige Kleine-Leute-Viertel: Studenten, Künstler und viele, die sich dafür halten. Am Barnstorfer Weg und in manchen seiner Seitenstraßen weht der Duft der großen weiten Welt. Ein marokkanischer Arzt hat gegenüber seiner Praxis eine arabische Teestube eröffnet. Die Gäste sitzen auf großen Kissen am Boden, knabbern Pistazienkuchen und andere orientalische Leckereien. Nebenan verkaufen ein paar

▲ *Gleich hinter Warnemündes Strand liegt die Welt der Schiffe*

▼ *›Hanse Sail‹: Traditionssegler und Kitesurfer teilen sich das Wasser*

▲ *Zwei architektonische Zeitalter: Teepott von 1968 und Leuchtturm von 1898*

▲ *Der Warnemünder Strand …* ▼ *… ist beliebtes Reich der Familien*

Freaks Vinylschallplatten, ein Italiener seine Pizza und Pasta. In Straßencafés genießen die Leute die Sonne – wenn sie denn in Rostock mal scheint. Die Stadtteilzeitung ›Waldemar & Margarethe‹, benannt nach zwei Straßen im Viertel, informiert über das Geschehen im ›Dorf‹.

SPECIAL

Das ›Neptun‹ für 8000 Euro

Ein paar Hotels in bester Warnemünder Strandlage gefällig? Mit 19 Euro 90 ist man dabei. So viel kostet das Warnemünde-Monopoly. Anstelle der Schlossallee gibt's am Ende der Spielfeld-Runde das ›Neptun‹ – für schlappe 8000 Spiel-Euro. So günstig bekommt man Luxus mit Seeblick nie wieder. Auch die Scandlines, die Buchhandlung Krakow Nachf., der Quelle-Shop oder Käpp'n Brass stehen ›zum Verkauf‹. Und wer schnell über Los will, nimmt den Warnowtunnel als Abkürzung. PR, die sich bezahlt macht: Das Souvenir ist im Kurhaus Warnemünde erhältlich.

Rostocks Seaside

Für die DDR war Rostocks Überseehafen das maritime Tor zur Welt und Arbeitsplatz für viele Tausend. Auch hier ist das Vergangenheit. Dennoch: Rostock ist wieder einer der wichtigsten deutschen Seehäfen. Fast im Zehn-Minuten-Takt passieren die Skandinavienfähren den Warnemünder Leuchtturm. Am Kreuzfahrtterminal machen jedes Jahr mehr als 100 Kreuzfahrtschiffe fest. Die Landgänger mischen sich unter die vielen Touristen, die sich durch die kopfsteingepflasterten Gässchen am Alten Strom schieben. Zwei, drei Reihen von restaurierten Fischerhäuschen, manche reetgedeckt, in denen heute Urlauber mit – vermeintlich oder tatsächlich traditioneller – Fischerkost gefüttert werden.

Nach und nach verschwanden Warnemündes Gehwege unter Veranden und Glaskästen. Sie sind heute der ideale Platz für einen Kaffee mit Blick aufs Geschehen. Den genoss im ›Café Wegner‹ einst der Dichter Joachim Ringelnatz. Nach Warnemünder Überlieferung inspirierte ihn der Warnemünder Platt-Ausdruck ›Daddl Du‹ (jetzt ist's genug) zu seinem autobiografisch gefärbten Werk ›Kuttel Daddeldu‹.

Maßstab 1:200.000
0
3 km
Mecklenburger Bucht
Trelleborg
Tallinn, Hanko
Helsinki, Rauma
Liepāja, Kaliningrad
Gedser
Müritz
Graal
Rostocker Heide
WARNEMÜNDE
HOHE DÜNE
Breitling
Rövershagen
Hanse-Route
LICHTENHAGEN
GROSS KLEIN
SCHMARL
LÜTTEN KLEIN
EVERSHAGEN
Unterwarnow
ROSTOCK
Bentwisch
DIERKOW
BRINCKMANSDORF
Roggentin
SÜDSTADT
KASSEBOHM
BIESTOW
Kritzmow
Stäbelow
Papendorf
Dummerstorf
Kavelstorf
Pölchow
Ziesendorf
Benitz
SCHWAAN
Hohen Sprenz
Blankenhagen
Mandelshagen
Poppendorf
Klein Kussewitz
MARLOW
BAD SÜLZE
Dettmannsdorf
Maßstab 1:17.000
0
200 m
Mecklenburger Bucht
Warnemünde
Westmole
Seekanal
Neuer Strom
Mittelmole
Ostmole
Georginenstr.
Teepott
Leuchtturm
Badestrand
Hotel Neptun
Yachthafen
Tagungs- und Kongresszentrum
Alter Strom
Kurhausgtn.
Kurpark
Arankawiesenpark
Stephan-Jantzen-Park
Parkstr.
Richard-Wagner-Str.
Am Markt
Technologiepark Warnemünde
Die große Laak
Laakkanal
Stadtautobahn
Rostocker Str.
Bahnhof
Passagierkai
Warnemünde
Warnemünde Werft
Werftbecken
P+R
103
Kohlenkai
Haedgehfn.
Stadthafen
Warnowufer
Am Strande
Hanseatic-Center Silo
Kröpeliner Str.
Universitätspl.
Wallanlagen
Lange Str.
Am Vögenteich
Goethestr.
Rostock
HRO-Hbf.
Südring
Lindenpark
Steintor
Ernst-Barlach-Str.
Wismarsche Str.
1 Helenenweg
2 Zur Alten Feuerwache
3 Deutsche-Med.-Pl.
1 St.Jürgen
2 St.Jürgen
3 Wallenst
ZOB
Maßstab 1:17.000
0
200 m

Warnemünde ①–③

1323 kaufte Rostock von den Mecklenburger Fürsten das Fischerdorf Warnemünde an der Warnowmündung. Die Schiffe der Hansestadt sollten jederzeit ungehindert die Ostsee erreichen. Bis heute ein gutes Geschäft. Rostocks Badeort mit Jacht- und Fährhafen lockt jeden Sommer Tausende von Touristen an. In zahlreichen Fischerkaten und -häuschen am Alten Strom haben sich inzwischen Restaurants und Kneipen eingerichtet. An der Hafeneinfahrt ist eine der beliebtesten Flaniermeilen Mecklenburgs entstanden. Ruhiger und gemütlicher ist das südliche Ende des Alten Stromes. Hier trifft die Alexandrinenstraße auf die ›Vörreeg‹. In der schmalen Gasse mit dem markanten Kopfsteinpflaster gibt es weniger Veranden und Geschäfte, dafür einige urige Kneipen. Kleine Gänge, so genannte ›Tüschen‹ (heute Querstraße I bis V), verbinden die Alexandrinenstraße mit dem Alten Strom.

Sehenswert: Fast wie auf dem Wasser geht man auf der 530 m langen **Westmole** ① hinaus in die Ostsee. Am Ende kann es – je nach Seegang – sehr feucht werden. 135 Stufen sind es auf den 1897/1898 erbauten **Leuchtturm** ② (TOP ZIEL); der Blick bis zum Darß und auf die Skyline von Rostock aus 30 m Höhe entschädigt für die Mühen des Aufstiegs (Mai–Sept. tgl. 10.00–19.00 Uhr). Noch weiter reicht der Blick aus der Sky-Bar im 19. Stock des ›**Hotel Neptun**‹; die Einrichtung der Bar stammt auch nach diversen Renovierungen noch fast komplett aus den 1970er-Jahren – eine Zeitreise in die ›besten Jahre‹ der DDR.

Warnemünde: Fischimbiss am Alten Strom

Museum: Den Alltag der Warnemünder Fischerfamilien und Seeleute zeigt das **Heimatmuseum** ③ in nachgebauten Szenen mit Original-Einrichtung und Alltagsgegenständen aus dem 19. und frühen 20. Jh. Eine Ausstellung dokumentiert die Entwicklung zum Seebad mit Original-Badeanzügen und der strengen Kleiderordnung der Anfangszeit (Alexandrinenstraße 30; Di.–So. 10.00 bis 18.00 Uhr).

> **TIPP**
>
> ### Geister mit Tropenhelm
>
> Der Käpt'n begrüßt die Besucher per Videobotschaft. Ein ergrauter bärtiger Seebär erzählt von seiner ersten Reise als 17-Jähriger bei schwerer See um Cap Hoorn, von Kopfjägern in Neuguinea und einem afrikanischen Häuptling, der ihm seinen Königsstuhl schenkte. Wie zum Beweis hat er unter dem Bildschirm im Warnemünder Teepott mehr als 8000 Mitbringsel ausgebreitet. ›Ich war immer ein leidenschaftlicher Sammler‹, erzählt Reinhold Kasten. 42 Mal ist er um die Welt gefahren. Da kommt einiges zusammen: Schrumpfköpfe aus Südamerika, der Tropenhelm von Albert Schweitzer, der Stuhl des Kaisers von Tonga oder präparierte Tiere, von denen einige Arten schon ausgestorben sind (Ausstellung Reinhold Kasten, Teepott, Warnemünde am Leuchtturm; tgl. 10.00–18.00 Uhr).

Aktivitäten: Am Warnemünder Strand haben inzwischen fast ein Dutzend **Tauchschulen** eröffnet, mehr als irgendwo sonst an der Ostseeküste. Gleich neben dem Fähranleger hinter dem Bahnhof (durch den Bahnhofstunnel, dann rechts Richtung Kreuzfahrtterminal) starten die Ausflugsschiffe zur ›**Großen Hafenrundfahrt**‹. Auf halbem Weg kann man im Rostocker Stadthafen aussteigen und dort den Stadtbummel zu Fuß beginnen. Das Schiff braucht zwar länger nach Rostock als die S-Bahn; dafür landet man direkt in der Innenstadt (der Rostocker Bahnhof liegt weit ab vom Zentrum) und bekommt unterwegs frische Luft. Während der Fahrt erklärt der Käpt'n über Lautsprecher, was man am Ufer sieht, und erzählt eine Menge Anekdoten. Von Rostock aus kann man mit der ›Blauen Flotte‹ in umgekehrter Richtung einen Ausflug nach Warnemünde unternehmen (Rostocker Personenschifffahrt, Wossidlostraße 5, 18147 Rostock, Tel. 0381/699962, www.rostocker-flotte.de).

Umgebung: Die **Rostocker Heide** (nordöstl.), das mit rund 400 km² größte Mischwaldgebiet an der mecklenburgischen Küste, eignet sich gut für ausgedehnte Wanderungen und Radtouren auf den beschilderten Wegen. An ihrem Rand liegt bei Rövershagen der **Forst- und Köhlerhof Wiethagen**, ein Freilichtmuseum mit 13 historischen Teerschwel- und Holzkohleöfen, der älteste von 1857. Im Gegensatz zu den bekannten Erdmeilern, die nur Holzkohle produzieren, kann man mit den doppelwandig gemauerten Teeröfen von Wiethagen außerdem Holzteer und bei Nadelholz auch Terpentin gewinnen (www.koehlerhof-wiethagen.de; April–Sept. tgl. 9.00–16.00 Uhr, sonst nur Mo.–Fr.).

ⓘ Tourist-Information, Am Strom 59 (Ecke Kirchenstraße), 18119 Rostock-Warnemünde, Tel. 0381/548000, Fax 0381/5480030, www.warnemuende.de

Blick vom Leuchtturm: Alter Strom und Seekanal

> **TIPP**
>
> ### Muntere Marikenführung
>
> Von wegen maulfaule Mecklenburger. Die können auch anders. Mariken zum Beispiel erzählt schneller und mehr als der sprichwörtliche Wasserfall. Op Platt, auf Hochdeutsch oder beides durcheinander. ›Ik bin dei med de grooten Muhl‹, stellt sie sich gleich selbst vor, ›die mit der großen Klappe‹. In Warnemünde kennt sie jede Gasse, jedes Haus und zu allem die passende Geschichte. Immer wieder taucht auf einer Stadtführung Mariken in der rund 150 Jahre alten Tracht der Fischersfrau hinter einer Hausecke auf. Oder sie schält gerade auf einer Bank Kartoffeln und erzählt und erzählt. Anderthalb Stunden Marikenführung sind so im Nu vorbei, selbst bei Eiseskälte (April bis Okt. Do. 11.00 Uhr an der Tourist-Information Warnemünde).

Hinter den Giebeln an Rostocks Neuem Markt ragt die Marienkirche auf

ROSTOCK 4–14

Der Name Rostock (200 000 Ew.) entstand aus dem slawischen Wort Roztok – für eine breite Stelle in einem Fluss. Groß und reich wurde die Stadt im Hansebund. 1419 gründete sie die erste Universität Nordeuropas; heute studieren an Deutschlands drittältester Uni rund 13 000 junge Leute. Mit dem Dreißigjährigen Krieg begann der Niedergang der Stadt. Erst mit der Industrialisierung im 19. Jh. entwickelte sich Rostock – vor allem dank des Schiffbaus – wieder zu einem wirtschaftlichen Zentrum. 1925 siedelten sich Flugzeughersteller in der Stadt an; die Heinkel-Werke bauten an der Warnow das erste Düsenflugzeug der Welt. Nach 1933 wurde die Stadt mit ihren Werften wichtiger Standort der deutschen Rüstungsindustrie und dadurch bevorzugtes Ziel britischer und US-amerikanischer Bomber im Zweiten Weltkrieg. Von den beiden großen Backsteinkirchen, der Marien- und der Nikolaikirche, waren nach dem Krieg nur noch Ruinen übrig. Die alliierten Bomben trafen meist Wohnhäuser und Kirchen, selten die Flugzeughangars und Fabriken.

Sehenswert: 1398 stürzte **St. Marien** 12 kurz vor der Vollendung in sich zusammen; doch die Rostocker bauten weiter, diesmal nach dem Vorbild französischer Kathedralen und der Lübecker Marienkirche. Der Turm entstand in barocker Zeit. Sehenswert sind die Kunstschätze der Kirche (Astronomische Uhr von 1472 mit original mittelalterlichem Uhrwerk, Bronzetaufe 1290, Rochusaltar um 1530, Barockorgel; Mo.–Sa. 10.00–16.00, So. 11.15–12.00 Uhr). Unter dem Altar von **St. Nikolai** 5, der ältesten Rostocker Kirche (14. und 15. Jh.), kann man hindurchfahren: Hier befindet sich eine Straßendurchfahrt. Im Kirchendach sind 20 Wohnungen untergebracht, im Turm Büros; im Kirchenschiff finden Konzerte statt. Ein Fahrstuhl bringt die Besucher heute sekundenschnell auf den 1994 wieder aufgebauten, 117 m hohen Turm der **Petrikirche** 4 (14. Jh.); wer sich den angeblich schönsten Blick über Rostock erarbeiten möchte, nimmt die Stufen. Der heutige Sitz des Oberlandesgerichts wurde 1893 als Sitz der mecklenburgischen **Landesstände** 7 fertig gestellt; interessant sind der innere Lichthof, das Treppenhaus und der getäfelte Sitzungssaal. Zwischen 1270 und 1290 entstand das **Rathaus** 6 mit seinem Gewölbekeller – mittlerweile ein historisches Baupuzzle. 1484 wurde das ›Neue Haus‹ als städtisches Festhaus angebaut; gut 200 Jahre später kam der Rathausfestsaal dazu.

Teile der mittelalterlichen **Stadtmauer** 10 mit einigen Wiekhäusern (Wachhäusern) und einem hölzernen Wehrgang sind erhalten geblieben. Vom **Steintor** 7 (13. und 16. Jh.) kommt man entlang der Stadtmauer zum ältesten Stadttor Mecklenburgs, dem **Kuhtor** (1262 erstmals erwähnt). Das letzte noch erhaltene Tor zur Wasserseite ist das **Mönchentor** 13, 1806 klassizistisch umgebaut. Das backsteinerne **Kröpeliner Tor** 10 (13. und 14. Jh.) am westlichen Ende der Fußgängerzone (Kröpeliner Straße) beherbergt Ausstellungen der Geschichtswerkstatt Rostock zur Stadtgeschichte (Warnowufer 65, Tel. 0381/1216415, www.geschichtswerkstatt-rostock.de).

Franziskanermönche ließen sich 1223 in der Stadt nieder. Die Klosteranlage mit der **St.-Katharinen-Kirche** 14 diente ab 1534 als Armenhaus, später als Waisenhaus, als Lehr- und Industrieschule, als Militärlazarett und ›Irren‹anstalt (heute Hochschule für Musik und Theater). Im 1270 von der dänischen Königin Margarete gegründeten Zisterzienser-Nonnenkloster **zum Heiligen Kreuz** 8 zeigt das Kulturhistorische Museum seine Schätze; die schlichte Klosterkirche ist auch Konzertsaal. Hübsch das Café auf dem Klostergelände mit seinem begrünten Innenhof.

Bücher bis unter die Decke und ein eigener Schallplattenraum: Über 33 000 Bücher und mehr als 10 000 Platten hat das **Antiquariat ABC** – der richtige Platz zum Stöbern und Schmökern an einem Regentag (Kröpeliner Straße 16, Tel. 0381/4995577). Die Einkaufsmeile Kröpeliner Straße mündet in den Universitätsplatz. Sobald die Sonne herauskommt, sitzen viele junge Leute am ›Brunnen der Lebensfreude‹ (1980) vor der weiß-roten Fassade der **Universität** 9. Das reich mit Terrakotta, golden und weiß verzierte Neorenaissance-Bauwerk entstand in den 1860er-Jahren. Die Uni-Bibliothek besitzt das drittgrößte Buch der Welt: den 120 kg schweren und 1,66 m hohen Rostocker Großen Atlas von 1664. Im Barocksaal (um 1750) des benachbarten ehem. **Großherzoglichen Palais** finden heute Konzerte und Vorträge statt. Das gegenüberliegende **Fünfgiebelhaus** entstand 1986: ein Versuch, Plattenbauten an die historischen Giebelfassaden anzupassen.

In der **Wokrenter Straße** 11 (Nr. 40) steht eines der letzten Hausbaumhäuser Rostocks: Wie ein Baum verästeln sich die Stützbalken des Gebäudes nach oben hin immer weiter

TIPP

Rostocker Eisberge

Im Minutentakt schleppen die Eismänner Wannen voller Creme in allen erdenklichen Farben zur Theke. Mehr als 30 Sorten besonders cremig-zarten Eises verkauft das ›Milano‹. Die Kundschaft steht Schlange. Das Rezept verrät das Eiscafé nicht. Aber es komme direkt aus Italien, ebenso wie die meisten Zutaten. Hergestellt wird das Eis aber ›garantiert hier im Haus‹ (Ladenpassage Rostocker Hof, Kröpeliner Straße 26, www.coccato.de).

SPECIAL

Rostocker Stolpersteine

Geschichte liegt im Weg. Granitblöcke in den Gehwegen erinnern an die Menschen, die von Rassenwahnsinnigen des Dritten Reichs ermordet wurden: Name, Geburts- und Todesjahr und der Ort des Todes stehen auf den ›Stolpersteinen‹. Marie Bloch zum Beispiel: Die Rostocker Reformpädagogin leitete ab 1910 den ersten Fröbelschen Kindergarten in Mecklenburg. Oder der als ›Armenarzt‹ stadtbekannte Hans Lindberg. Weil sie jüdische Eltern hatten, wurden sie vergast oder zu Tode geschunden. Das Geld für die Gedenksteine (rund 500 Euro pro Stück) sammelt das Max-Samuel-Haus bei Privatpersonen und Verbänden. 85 Steine sollen so zusammenkommen.

TIPP

Seemannskneipe

Speisen wie auf einem alten Schiff unter Deck serviert das Traditionslokal ›Zur Kogge‹ (Wokrenter Straße 27, Tel. 0381/4934493). Man sitzt in dunkel getäfelten Nischen unter einem guten Dutzend Boots- und Schiffsmodellen. Die dunkel gebeizte Einrichtung ist angeblich fast komplett aus der Gründerzeit des Lokals (1856). Es gibt vor allem Fisch und gutbürgerliche Küche. Wenige Touristen und mehr Einheimische trifft man ein paar Häuser weiter im ›Alten Hafen‹ (Strandstraße 24, Tel. 0381/4934226). An Wänden und der Decke hängen präparierte Kugelfische, Seesterne und anderes Meeresgetier. Für die Gäste gibt es fünf Tische. ›Wir haben vor allem Stammgäste, viele Segler‹, sagt die Wirtin. Die Preise sind etwas günstiger als in der ›Kogge‹.

(n. Vereinb., Tel. 0381/4922697). Am unteren Ende der Straße sind mehrere alte Giebelhäuser frisch restauriert, darunter die ›Kogge‹. Als besonders schöne Giebelhäuser gelten das Ratschowhaus (Kröpeliner Straße 83) und das Kerkoffhaus (Hinter dem Rathaus 5).

Museen: Das **Kulturhistorische Museum** 8 präsentiert u. a. einen Dreikönigsaltar aus dem Mittelalter, alte Stadtansichten und Werke niederländischer Maler des 18. und 19. Jh. sowie Bilder aus den Künstlerkolonien an der Ostsee (Klosterhof 7; Di.–So. 10.00 bis 18.00 Uhr). Deutsche Kunst des 20. Jh. ist das Thema der **Kunsthalle** (Hamburger Straße 40, Fortsetzung des Warnowufers, westl. außerhalb der Innenstadtkarte; Di. bis So. 10.00–18.00 Uhr). Ein 1957 in der DDR gebauter, 157 m langer 10 000-t-Frachter dient seit 1970 als **Schiffbau- und Schifffahrtsmuseum.** Maschinenraum, Kajüten, Messe, Kombüse, Brücke und Krankenstation sind im Original erhalten; eine Ausstellung zeigt in Bildern, Objekten und Infotafeln die Geschichte der Seefahrt vom Einbaum bis zur modernen Werft (Traditionsschiff Typ Frieden, IGA-Park zwischen Altstadt und Warnemünde, S-Bahn Lütten-Klein; Di.–So. 10.00–18.00 Uhr). Das **Max-Samuel-Haus** 15 ist Ausstellungszentrum, Verlag und Begegnungsstätte für jüdische Geschichte und Kultur mit Konzerten, Ausstellungen und Lesungen (Schillerplatz 10, Tel. 0381/4923209). Deutschlands einziges virtuelles **Legendenmuseum** hat Hartmut Schmied im Internet unter www.legenden-museum.de eingerichtet; geheimnisvolle Kulturgeschichte wird erforscht und vorgestellt (Cryptoneum Legenden-Museum, Brahestraße 34, Tel. 0381/4019736, www.legenden-museum.de). Eine Sammlung von Alltagsgegenständen aus der DDR und die angeblich größte Schlüsselsammlung der Welt hat der Besitzer der Gaststätte **›Zur Gemütlichkeit‹** zusammengetragen (Faule Straße 7, Tel. 0381/4922388).

Parks und Gärten: Mehrere Themengärten und das angeblich weltgrößte lebendige Gebäude – den aus gebogenen Weidenzweigen geformten Weidendom – hat die **Internationale Gartenbauausstellung** 2003 im Stadtteil Schmarl (zwischen Altstadt und Warnemünde, S-Bahn Lütten-Klein) an der Warnow hinterlassen. Mehr als 1500 Tiere aus 250 Arten leben im **Rostocker Zoo**, dem größten an den deutschen Küsten. Krokodile und Meeresschildkröten wohnen in eigenen großen Aquarien; Besucher sehen die Tiere durch Scheiben im Wasser schwimmen. Außerdem hat sich der Zoo auf die Eisbärenzucht spezialisiert. Im Südamerikahaus spazieren die Besucher zwischen den herumtobenden Affen hindurch (Rennbahnallee 21, westl. außerhalb der Innenstadtkarte, www.zoo-rostock.de; 9.00–17.00 Uhr).

Veranstaltungen: An **Neujahr** steht der Warnemünder Leuchtturm in Flammen – Feuerwerk und Lasershow. Mitte Juni das **Ostseejazz-Festival.** Im Juli **Rostocker Orgelsommer, Rostocker Kulturfesttage** und **Warnemünder Ümgang** mit Umzug in historischen Kostümen und Waschzuberrennen auf dem Alten Strom sowie das Segelsportfestival **Warnemünder Woche.** Die TOP ZIEL **›Hanse Sail‹** (2. Aug.-Wochenende, am Sa. Kleinkunstfestival; www.hanse-sail.com) in Rostock und Warnemünde ist eines der größten Windjammertreffen der Welt mit mehr als 200 Großseglern, Traditionsseglern und Museumsschiffen aus aller Welt; Skipper nehmen Interessenten gegen Gebühr mit. Zur ›Hanse Sail‹ wird es in Rostock voll: rund 1 Mio. Besucher. Im Sept. wird beim Warnemünder **Stromfest** der Dorschkönig (Wettangeln von ca. 400 Hochseefischern) gewählt; außerdem ist **Drachenfest** am Strand in Warnemünde. Anfang Okt. finden in Rostock und Warnemünde die **Rostocker Fischtage** statt – Motto: ›Schlemmen, Spektakel, Angeln und Kultur‹ (www.dorschwoche.de). Der **Weihnachtsmarkt** im Dez. ist größter Norddeutschlands mit mehr als 200 Ausstellern an 2,5 km Ständen.

Clubs & Kneipen: Junge Leute spricht der **›LT-Club‹** (Kobertstraße 1, Tel. 0381/2013928) und der **›Studentenkeller‹** (Universitätsplatz, Tel. 0381/455928) an. Ein nettes Café mitten im Szeneviertel KTV (Kröpeliner Tor Vorstadt) ist das **›diesseits‹**; ab 30 Euro kann man in einem der Pensionszimmer über dem Café übernachten (Margaretenstraße 41, 18057 Rostock, Tel. 0381/5108803; tgl. 9.00–24.00 Uhr). Beliebt bei Studenten ist der große Club **›Momo‹**; gelegentlich gibt es hier Live-Konzerte (Am Vögenteich 19, Tel. 0381/2528777; Sommer tgl. ab 12.00, Winter ab 16.00 Uhr).

ⓘ Tourist-Information, Neuer Markt 3, 18055 Rostock, Tel. 0381/3812222, Fax 0381/3812601, www.rostock.de. Veranstaltungen in www.szene-rostock.de

Mediterranes Leben am Universitätsplatz

Im Hausbaumhaus in der Wokrenter Straße

Zwischen See und Bodden

Als hätte ein romantischer Künstler dieses Land gemalt: Reetgedeckte, blau oder rot gestrichene Häuschen verstecken sich unter knorrigen Bäumen in schilfbewachsenen Buchten. Bunte Fischerboote, die an verwitterten Stegen im Wind schaukeln. Weiße Wolkenfetzen ziehen über den leuchtend blauen Himmel, türmen sich zu immer neuen phantastischen Figuren auf, um sich sogleich wieder aufzulösen oder hinter dem Horizont zu verschwinden. Ihre Schatten werfen sie auf glitzernde Wasserflächen.

Ahrenshoop verspricht zu Recht ein gemütliches Strandleben.

▲ *Hinter den Grabsteinen Prerows Seemannskirche*

▶ *Hoch hinaus an Prerows Strand*

▲ *Hat gut lachen: Ahrenshooper Fischräucherei*

▼ *Sommerfreuden vor Zingsts Kurhaus*

▲ Mit prinzlicher Unterstützung eröffnet: ›Kunstkaten‹ ▼ Auch Möwen genießen Abendstimmungen

Auf den 200 Quadratkilometern Boddengewässern zwischen dem Festland und ›Deutschlands schönster Halbinsel‹ Fischland-Darß-Zingst sieht man immer öfter rotbraune Tupfer aus alten Zeiten: kleine dunkelbraune Holzschiffe mit rostfarbenen Segeln. Früher ließen sich die Boddenfischer in ihren Zeesbooten quer zum Wind übers flache Wasser treiben. Ihr Netz hatten sie an Bug, Heck und mittschiffs befestigt. So füllte es sich unter dem quer treibenden Boot fast von selbst. Die Zeesbootfischerei lohnt schon lange nicht mehr. Doch die Zeesboote fahren wieder – mit Touristen und Freizeitseglern an Bord. Manche verbringen Jahre in einer der Barther Werften, um sich ein Zeesboot zu restaurieren oder nachzubauen.

Wenige Kilometer westlich frisst die See jedes Jahr einen halben Meter Küste, bricht Brocken aus dem Steilufer und reißt Bäume, Felsbrocken und Wiesenstücke in die Tiefe. Auf dem letzten Stück Land vor der blaugrau schimmernden See wächst dafür seit 1990 der Wald, so wie er möchte. Als ›Urwald‹ stehen die knorrigen Bäume des Darß, die Wasserlöcher, Farne und Frösche im ehemaligen Sperrgebiet unter strengem Naturschutz. Eingriffe in das Wachsen und Vergehen der Natur sind verboten. Ranger des Nationalparks Vorpommersche Boddenlandschaft führen Besuchergruppen auf verschlungenen Wegen durch die ›Welt im Rohzustand‹ – vorbei an jahrhundertealten Baumstämmen, deren Äste im Morgennebel an tanzende Trolle und andere Fabelwesen erinnern.

Das Naturschutzgebiet wächst von ganz alleine. Die Ostsee spült jedes Jahr einen halben Meter Neuland an die Nordspitze des Darß. Pflanzen und Tiere siedeln sich schnell an. Hinter dem letzten kleinen Hügel, den die Ostsee hier angelandet hat, wirft die glitzernde See ihre Wellen ans Ufer. 60 Kilometer weißer, feiner Sandstrand säumen die Außenküste der vor langer Zeit zusammengewachsenen Inselkette.

Im Land der Kormorane

Drei entspannende Stunden benötigt das Ausflugsschiff von Prerow zum romantischen Hafen Altenhagen. Am Prerow-Strom stehen Graureiher, auf dem stillen Wasser schwimmen Jungschwäne und

▲ *Seit 1848 weist das Leuchtfeuer Darßer Ort den Schiffen den Weg um dieses Kap*

▲ *Keine Zeit zum Baden: Pause bei der Pirsch auf ›SehOrte‹*

▼ *Die Bunen am Darß sind ihr Ansitz und Ruheplatz*

▲ Am Darß bleibt die Natur sich selbst überlassen ▼ Tuchfühlung zur Natur im Natureum

Enten, sogar eine Kegelrobbe. An den Pfählen, die im Bodden stecken, legen Fischer Netze und Reusen aus. Die brackigen Boddengewässer enthalten kaum Salz. So fühlen sich in den Bodden auch Süßwasserfische wie der Zander wohl. Außerdem fangen die Fischer hier Hecht, Schlei und Barsch. Doch die Kormorane sind oft schneller. Nach jedem Tauchgang hocken sie satt und zufrieden auf den Pfählen und lassen ihr Gefieder trocknen. Im Herbst rasten vor allem auf dem Zingst und den Boddeninseln bis zu 60 000 Kraniche auf dem Weg zu ihren Winterquartieren. Sie stärken sich mit liegen gebliebenen Körnern auf den abgeernteten Feldern für ihre Reise nach Spanien.

SPECIAL

Das Gold der Ostsee

Brennstein nannten es die Germanen. Vor über 40 Millionen Jahren lagerte sich das Harz von untergegangenen Nadelbäumen am Meeresgrund ab. Stücke davon spült die See bei Sturm an die Strände. Jahrhundertelang brachte das brennbare, feste Harz als Rohstoff für Schmuck, Döschen, Schachspiele, Pfeifen- und Zigarrenmundstücke den Küstenbewohnern Wohlstand. Manche Ärzte verschrieben Bernsteinschmuck gar als Heilmittel. Die weltweit größten Bernsteinvorkommen finden sich im ehemals ostpreußischen Samland (Gebiet Kaliningrad), wo Bernstein im Tagebau gewonnen wird. Viel über die Geschichte des Bernsteins und seine Verarbeitung erfährt man in Ribnitz-Damgarten – beispielsweise, dass Bernsteine mit eingeschlossenen Insekten oder kleinen Tieren beliebt und teuer sind. Übrigens: Wenn das selbst gefundene Stück im Salzwasser schwimmt und wie Bernstein aussieht, ist es meist welcher. Gewissheit bringt der Feuertest: Verbrennt der Schatz zu einer schwarzen, schmierigen Masse, war es Bernstein.

Dann sind die Rinder schon wieder zurück, im Sommer mit Fähren auf die Kirr und die Barther Oie gebracht. Um schnell an das besonders kräftige, leckere Inselgras und den Klee zu kommen, springen die Kühe fast freiwillig vom Boot ins flache Wasser und laufen an Land.

▲ Votivschiffe schmücken die Küstenkirchen, hier in Wustrow

▼ Vineta grüßt: Barther Festspiele

▲ Reetgesäumt: typisches Boddenufer bei Prerow

▲ Traditionsverpflichtet: Zeesbootschiffer

▼ *Die Bodden sind das Revier der Zeesboote – hier bei Ahrenshoop-Althagen*

▼ *Amerika erobert auch die Bodden: Ausflugsdampfer auf dem Prerower Strom*

Maritimes Bilderland

Diese Bilder lockten vor gut 100 Jahren Maler aus ganz Deutschland auf die schmale Landzunge zwischen Ribnitz-Damgarten und dem Darß. Die ersten Künstler ließen sich im Fischerdorf Ahrenshoop nieder. Sie kauften bescheidene Fischerhäuschen, bauten sie zu Ateliers um und schufen spätere Touristenattraktionen wie die ›Bunte Stube‹ und den ›Kunstkaten‹. Von einem ›Bild des Friedens und der Einsamkeit‹ schwärmte der Oldenburger Maler Paul Müller-Kaempff, als er 1889 das Fischland entdeckte. ›Kein Mensch war zu sehen, die altersgrauen Rohrdächer, die grauen Weiden und grauen Dünen zeigten einen Zug tiefsten Ernstes und vollkommener Unberührtheit.‹ Gut zehn Jahre später gab es in Ahrenshoop 16 Malschulen, in denen vor allem die feinen Damen der Hamburger und Berliner Gesellschaft den Pinsel zu führen lernten.

Heute kommen moderne Lichtbildner auf den Zingst: Mit großer Ausrüstung und schwerem Stativ pirschen sich Fotografen durch die Landschaft, lauern im Herbst den Kranichen auf oder halten Details der vielen bunten Boote an den Bodden fest. Als ›SehOrt‹ profiliert sich Zingst mit seinen Galerien und den Fotoworkshops mit bekannten Fotografen.

Erinnerungen an große Fahrt

Armut trieb sie hinaus aufs Meer, die Darßer und die Fischländer Bauern, wo sie sich als Fischer und Schiffsführer ein Zubrot verdienten. Mit ihrer Erfahrung auf See gründeten sie Werften, bauten Boote und sogar große Segler. 106 Prerower Kapitäne besaßen vor 150 Jahren das Patent für ›große Fahrt‹. Allein in Wustrow lebten Anfang des 19. Jahrhunderts an die 400 Schiffsführer und Steuermänner. Als Kapitäne zu Geld und Ansehen gekommen, ließen sich die Männer als Zeichen ihres Aufstiegs die Haustüren mit übrig gebliebener Schiffsfarbe bunt anstreichen und mit Ornamenten reichlich bemalen. Etwas bescheidener taten es ihnen die Steuerleute an ihren kleineren Häusern gleich. Heute zieren Fotos der blauen, gelben, roten und grünen Kapitänstüren jeden Bildband und viele gern verschickte Postkarten.

▲ ›Tonnenabschlagen‹ in Wieck am Darß

▼ Zeesboote zu kalfatern, ist reine Handarbeit

▼ Da geht es rein: Schloss Spyker im ›SehLand‹ von Göldenitz

▼ Im Landschulmuseum von Göldenitz wird das Gestern lebendig

▲ *Einblick in die Verarbeitung: Deutsches Bernsteinmuseum Ribnitz-Damgarten*

Stillstand, Idylle und Aufbruch

Werften ernährten fast das ganze Städtchen Barth am gleichnamigen Bodden, bis schnelle Dampfer den Seglern Kunden und damit die Existenz raubten. Barth, das mit seinem trutzigen Kirchturm wie ein Sperrriegel vor der Halbinsel Fischland-Darß-Zingst liegt, fiel in einen Dornröschenschlaf.

SPECIAL

Ein silberhelles Läuten

Sagenhaft reich soll sie gewesen sein, so reich, dass ihre Schweine aus goldenen Trögen fraßen. Eine Stadt, ›größer und schöner als irgendeine andere in Europa‹. Noch heute könne man an windstillen Abenden silberhelles Läuten hören und tief unten im Wasser sogar die Gassen und Giebel der vor tausend Jahren versunkenen Stadt Vineta sehen. Nur wo? Der Geograf Adam von Bremen schrieb 1075: ›Hinter den Liutizen, die auch Wilzen heißen, trifft man auf die Oder, den reichsten Strom des Slawenlandes. Wo sie an ihrer Mündung ins Skythenmeer fließt, bietet die berühmte Stadt Jumne für Barbaren und Griechen in weitem Umkreis einen viel besuchten Treffpunkt.‹ Die deutschsprachige polnische Internetseite www.ostsee-urlaub-polen.de ortet Vineta auf Wollin. Die Usedomer, die die sagenhafte Stadt Vineta für sich reklamieren, meinen, das vor Koserow gelegene Vineta-Riff, eine regelmäßige Steinansammlung, sei das Überbleibsel der Stadt. Und die Wissenschaftler Wermusch und Goldmann vermuten Vineta dagegen im Barther Bodden. Das Oder-Urstromtal habe einst über Anklam und Demmin nach Barth geführt und der Fluss dort in die Ostsee gemündet. Im 12. Jahrhundert sei das Deichsystem der Vinetaer im Barther Bodden zerstört und die Stadt überflutet worden. Am Hafen besitzt die Stadt Barth einen ›Vinetablick‹. Wenn man von dort auf den Bodden blickt und die Augen fest schließt, sieht man …

Die sommerliche Blechlawine zu den Ostseestränden weckt die Prinzessin für einige Wochen. Doch nur zu selten stören Urlauber die Rentner, die im Barther Hafen angeln. Sie können mit Blick über die Boddenlandschaft in ehemaligen Lagerräumen des alten Getreidespeichers wohnen. Moderne Designermöbel leuchten vor den rohen Backsteinwänden, an denen noch die alten Einschüttmarken zu erkennen sind.

Maßstab 1:300.000
0
5 km
OSTSEE
Nationalpark
Vorpommersche
Boddenlandschaft
Darßer Ort
Prerow
Zingst
Ahrenshoop
Wustrow
Hohes Ufer
Barth
STRALSUND
Ribnitz-Damgarten
Graal-Müritz
ROSTOCK
Warnemünde
Rügen
Hiddensee
Grimmen
Tribsees
Richtenberg
Franzburg
Marlow
Bad Sülze
Tessin
Sanitz
Velgast
Niepars
Dummerstorf
Kavelstorf
Rostocker Heide
Saaler Bodden
Grabow
Kubitzer Bodden
Barther Bodden
Bodstedter Bodden
Rostock-Trelleborg 3-6h, Tallin 21h, Hanko 22h, Helsinki 24h, Rauma 72h
Rostock-Liepaja 25h, Kaliningrad 35h
Gedser 2h
Hanse-Route
Deutsche Alleenstraße
Freilandmuseum
Marienkirche
Nikolaikirche
Rathaus
Museum
Vogelpark Marlow

Infos

Die im Freilichtmuseum Klockenhagen gezeigten Lebensverhältnisse sind so lange nicht her

Ribnitz-Damgarten ①

Am Grenzfluss Recknitz ließen sich die Mecklenburger Fürsten um 1200 eine Burg bauen, das spätere Klarissenkloster (ab 1323), in deren Umfeld das Städtchen Ribnitz entstand. Rund 100 Jahre später erhielt Damgarten auf der pommerschen Seite das Stadtrecht. 1950 wurden die beiden Orte zu einer Gemeinde im späteren DDR-Bezirk Rostock vereint.

Sehenswert: Rest der mittelalterlichen Befestigungen ist das **Rostocker Tor** (15. Jh). Die wiederholt umgebaute **Marienkirche** wurde im 18. Jh. erneuert, das klassizistische alte **Rathaus** bis 1835 erbaut.

Einkaufen: Im Ribnitzer Hafen verkaufen die Fischer ihren Fang direkt vom Kutter (www.kuestenfisch.de).

Museen: Alles über das ›Gold der Ostsee‹ und seine Verarbeitung erfährt man im **Deutschen Bernsteinmuseum** im ehem. Kloster; die dortige Schauwerkstatt arbeitet nach Königsberger Tradition (Im Kloster 1, www.german-amber-museum.de; April–Okt. tgl. 9.30–18.00, sonst bis 17.00 Uhr). Eine ›gläserne Produktion‹ und interessante Ausstellungsstücke bietet **Ostseeschmuck** (An der Mühle 30, www.ostseeschmuck.de; Mo.–Fr., Sa. bis 16.00 Uhr).

Umgebung: Zwischen Fischer-, Landarbeiter-, Bauern- und Bürgerhäusern des 17. bis 20. Jh. läuft das Federvieh im **Freilichtmuseum Klockenhagen** frei herum. Gänse, Enten und Hühner dekorieren eine Landidylle; auf 6 ha sind Häuser und Mühlen aus ganz Mecklenburg versammelt. Das Konzept der niederdeutschen Hallenhäuser, in denen Mensch und Tier unter einem Dach leben, brachten Siedler aus Niedersachsen und Westfalen im Zuge der Christianisierung der westslawischen Völker mit. Volks- und Folklorefeste wie ›Tonnenabschlagen‹, ein Bauernmarkt und die jährliche Erntekronenschau zählen zu den Höhepunkten der Saison (April–Okt. tgl. 9.00–17.00 Uhr). Pilze, mehr als 2000 Schmetterlinge, ausgestopfte Vögel und Säugetiere zeigt das private **Pilz-Insekten-Vogel-Museum** im westl. benachbarten Neuheide; per Video schauen die Besucher einem Steinkauz ins Nest und sehen zu, wie ein Hornissenbau entsteht (Ribnitzer Landweg 2; Mai–Okt. Di.–So. 9.00–11.30 und Di.–Sa. 13.00–17.00, sonst Di.–Fr. 14.00–17.00 und Sa. und So. 9.00–11.30 Uhr).

Auf 4 ha zeigt das ›**SehLand**‹ rund 45 Nachbildungen bauhistorischer Wahrzeichen des Landes im Maßstab 1:25 (SehLand Modell- & Landschaftspark, Schlager Straße 13, Göldenitz, www.sehland-mv.de; 35 km südl. und östl. der AS Dummerstorf; Juni–Sept. tgl. 10.00–18.00, sonst bis 17.00 Uhr). In der Nähe ist das **Landschulmuseum** zu finden (Am See 7, Göldenitz; Mai–Okt. Di.–Sa. 9.00 bis 14.00/17.00 Uhr, sonst nur Di., Do. und Sa.).

ⓘ Stadtinformation, Am Markt 1, 18311 Ribnitz-Damgarten, Tel. 03821/2201, Fax 03821/894750, www.ribnitz-damgarten.de

Graal-Müritz ②

1938 entstand das Seebad aus der Zusammenlegung von Graal und Müritz (slawisch für ›am Meer gelegen‹) Der kleine Ort wirbt mit seiner Lage zwischen dem Waldgebiet der 11 000 ha großen Rostocker Heide und den 5 km Ostseestrand. Östl. grenzt das Seebad an das Ribnitz-Müritzer Hochmoor, Lebensraum einiger seltener Orchideenarten und Vögel.

Sehenswert: Mehr als 2000 Pflanzen tauchen den **Kurpark** in sattes Grün und leuchtende Farben. Im Mai und Juli blühen auf 4,5 ha rund 60 verschiedene Rhododendron- und Azaleenarten (Rhododendron-Fest am Wochenende nach Pfingsten). Die 350 m lange **Seebrücke** gilt als einzige Europas, die mit Solarstrom beleuchtet wird.

Aktivitäten: Mit 29 °C warmem Ostseewasser rund ums jahr wirbt das **Aquadrom** (Buchenkampsweg 9, www.aquadrom.net; tgl. 9.00–21.30 Uhr). An der Seebrücke starten **Ausflugsfahrten** mit der ›Baltica‹ nach Warnemünde und entlang der Darß-Küste (Baltic Schifffahrt und Touristik GmbH, Tel. 0381/5106790, www.msbaltica.de).

Veranstaltung: ›**Tonnenabschlagen**‹ im Juni.

Umgebung: Jagdschloss Gelbensande (8 km südl.) wurde 1885–1887 errichtet; es diente Großherzog Friedrich Franz III. und seiner Frau Anastasia Michallowna, Enkelin des russischen Zaren, als Sommerresidenz. Der Cecilienhof in Potsdam wurde nach dem Vorbild dieses Schlosses erbaut. Im Kaminzimmer kann man sich trauen lassen (Am Schloss 1, www.jagdschloss-gelbensande.de; Mo.–Do. 10.00–16.00, Sa. und So. 14.00 bis 17.00 Uhr). **Karls Erlebnis-Erdbeerhof** (Rövershagen, 15 km südl.) mit Streichelzoo, Obst- und Gemüsemarkt, Spielplätzen, Ponyreiten und weiteren Attraktionen nennt sich ›Deutschlands größter Bauernmarkt‹ (Purkshof 2, Tel. 038202/4050, www.bauernmarkt.de).

ⓘ Tourismus- und Kur-Gesellschaft, Rostocker Straße 3, 18181 Graal-Müritz, Tel. 038206/7030, Fax 038206/70320, www.graal-mueritz.de

Wustrow/Fischland ③

Die Bewohner des heutigen Ostseebades lebten bis weit ins 19. Jh. vor allem von der Fischerei und der Seefahrt. Die Kapitänshäuser mit ihren bunt bemalten Türen erinnern daran. Generationen von Seeleuten lernten auf der Großherzoglich-Mecklenburgischen Navigationsschule und späteren DDR-Seefahrtsschule in Wustrow (bis 1992) das nautische Handwerk.

Bernstein, ein überaus beliebtes Souvenir

Einkaufen: Im denkmalgeschützten Barnstorf zeigt die **Kunstscheune** Malerei, Skulpturen, Keramik und Schmuck vorwiegend norddeutscher Künstler (Mitte Juni–Anf. Okt. tgl. 10.00–13.00 und 15.00–18.00 Uhr).

Aktivitäten: Im Hafen am Bodden liegen im Frühjahr, Sommer und Herbst die hölzernen **Zeesboote** mit ihren braunen Segeln. Über die Kurverwaltung können die Gäste Zeesboottouren mit Skipper und Verpflegung an Bord buchen (u. a. Schippers Ort, Fischländer Segelschule, Ernst-Thälmann-Straße 13, www.fischlaender-segelschule.de).

Veranstaltung: Am 1. Juli-Sa. ist **Wustrower Zeesbootregatta.**

ⓘ Kurverwaltung, Ernst-Thälmann-Straße 11, 18347 Ostseebad Wustrow, Tel 038220/251, Fax 038220/253, www.ostseebad-wustrow.de

AHRENSHOOP 4

Das weiche Licht am Meer und die Landschaft an der schmalen Landbrücke zwischen Bodden und Ostsee zog vor gut 100 Jahren immer mehr Maler an. Schriftsteller und wohlhabende Großstädter folgten ihnen. So entstand um 1900 das ›Worpswede der Ostsee‹. Seitdem pflegt das Seebad sein Image als Künstlerkolonie. Restaurierte reetgedeckte, bunte Fischerhäuschen ducken sich in die Dünen über dem Ostseestrand.

Sehenswert: 1909 eröffnete der **›Kunstkaten‹** (Strandweg 1); die Maler Paul Müller-Kaempff und Theobald Schorn hatten dafür Unterstützung beim Prinzen Eitel Friedrich von Preußen gefunden. Heute zeigt das Haus Sammlungen, Retrospektiven sowie Ausstellungen von Ahrenshooper Künstlern und Stipendiaten des Künstlerhauses Lukas. Martha Wegscheider und der Maler Hans Brass gründeten 1922 die **›Bunte Stube‹**, urspr. ein kleiner Laden und 1929 vom Bauhausarchitekten Walter Butzek gestaltet. Heute gibt es hier Ausstellungen, Bücher, Kunsthandwerk und Naturprodukte (Dorfstraße 24). Das **Dornenhaus**, mit rund 350 Jahren ältestes im Ort, bietet wechselnde Kunstausstellungen und die Werkstätten der ›Fischland-Keramik‹ (Bernhard-Seitz-Weg 1, www.dornenhaus.de). Aus dem Holz des Darß-Waldes entstand 1951 die **Schifferkirche** in Ahrenshoop.

Veranstaltungen: **›Tonnenabschlagen‹** im Juni/Juli. Anf. Aug. findet im ›Kunstkaten‹ die

Flugmanöver der Möwen, überall zu beobachten

Ahrenshooper Kunstauktion statt; versteigert wird vor allem moderne Kunst (www.ahrenshoop-kunstauktion.de). Junge Theatergruppen von Darß und aus Berlin holen jeden Sommer **Comedia dell'Arte** in den Hafen Althagen. Sie spielen Stücke von Goldoni, Gozzi und Molière im Stil des französischen und italienischen Straßentheaters (Mitte Juli/ Mitte Aug.).

ⓘ Kurverwaltung, Kirchnersgang 2, 18347 Ostseebad Ahrenshoop, Tel. 038220/ 66660, www.ostseebad-ahrenshoop.de

TIPP

Wie neues Land entsteht

Der Darß nimmt zu. An seiner Nordspitze wächst er jedes Jahr um zehn Zentimeter. Dort spült die Ostsee Land an, das sie sich an Fischlands Westküste geholt hat. Die Veränderung der Landschaft, Werden und Vergehen im Darßer Urwald und das Leben unter Wasser dokumentiert das Natureum im Leuchtturm am Darßer Ort. Auf dem Rundweg, der am Leuchtturm startet (Zeichen: Blaue Möwe), durchwandert man 2500 Jahre Darßer Naturgeschichte. Je nach Alter des Landes – je flacher, desto jünger ist der Boden – siedeln sich unterschiedliche Pflanzen an: erst die Dünengräser, dann Zwergsträucher, später Kiefern. Ist der Boden fest und trocken genug, gehen erste Buchensamen auf. In den feuchten Senken wachsen Erlen. Im moorigen Vordarß gedeihen Birke und Ilex, Siebenstern und die lilafarbene Wasserfeder.

BORN/DARSS 5

Das einstige Fischer- und Bauerndorf hat sich seinen stillen Charme am Bodden bewahrt. Born liegt reizvoll zwischen schilfigen Boddenbuchten, Wiesen und dem seit 1990 nicht mehr von Menschenhand bearbeiteten Darßer ›Urwald‹.

Sehenswert: In der 1934/1935 aus Holz gebauten **Fischerkirche** finden regelmäßig Konzerte statt. Dank der Tonnendecke unter dem mit Reet gedeckten Dach hat das Kirchlein eine besonders gute Akustik.

Aktivität: Die **Darßer Kochschule** bietet ein- und mehrtägige Kochkurse zu verschiedenen Themen, auch für Erwachsene mit Kindern (Bauernreihe 5a, 18375 Wieck, Tel. 03823/ 3680, www.erstedarsserkochschule.de).

ⓘ Kur- und Tourist GmbH, Chausseestraße 75, 18375 Born/Darß, Tel. 038234/50421, Fax 038234/50431, www.darss.org

PREROW/DARSS 6

Seefahrer und Fischer siedelten an dem schmalen natürlichen Kanal, der bis 1872 die Ostsee mit dem Bodden verband.

Sehenswert: Der Kirchturm der backsteinernen **Seemannskirche** wies den Schiffen seit 1727 den Weg vom Meer in die Strommündung und zum Prerower Hafen. Votivschiffe in der Kirche und alte Grabsteine auf dem verwunschenen Friedhofspark erzählen ebenso von Prerower Seeleuten wie das **Darß-Museum** (Waldstraße 48; Mai–Okt. tgl. 10.00–17.00, sonst Mi.–So. 13.00–16.00 Uhr).

Veranstaltungen: Im reetgedeckten **Kulturkaten ›Kiek In‹** bietet die örtliche Kleinkunstbühne Theater, Kabarett, literarisch-musikalische Abende, Konzerte und Veranstaltungen für Kinder sowie Ausstellungen und Kunstkurse (Waldstraße 42).

Umgebung: Vom 35 m hohen **Leuchtturm**, einem der ältesten an der deutschen Ostseeküste (1848), hat man einen wunderbaren Ausblick auf den **›Darßer Urwald‹**. Das **Natureum** dort zeigt zahlreiche Tierpräparate, Erklärungen der einheimischen Tier- und Pflanzenwelt sowie ein Ostseeaquarium (Darßer Ort, www.meeresmuseum.de; Mai bis Okt. tgl. 10.00–18.00, sonst Mi.–So. 11.00 bis 16.00 Uhr). Ausspannen kann man im ›Leuchtturm-Café‹. Der Leuchtturm ist per Rad und zu Fuß von Prerow (ca. 75 Min. Fußweg), Born und Wieck aus und mit der Pferdekutsche von Prerow aus zu erreichen; Autofahrer müssen den Wagen in Prerow stehen lassen. Bonzen wissen meistens, wo es

SPECIAL

So entstand die Halbinsel

Aus drei – Fischland, Darß und Zingst – mach eins. 1394 ließen Rostocker und Stralsunder den Mündungsarm der Recknitz zuschütten. Damit verbauten sie dem aufstrebenden Städtchen Ribnitz – und einem Konkurrenten – den Zugang zur Ostsee. Den Rest erledigte in den folgenden Jahrhunderten die Ostsee. Sie spülte die Wasserwege zwischen den Inseln Fischland und Darß zu. Nach der Sturmflut 1872 halfen die Menschen wieder nach. Um Prerow vor dem Wasser zu schützen, wurde die Mündung des gleichnamigen Flüsschens zugeschüttet und damit auch Zingst angeschlossen.

Bunte Türen sind typisch für Seemannshäuser

Darßer Leuchtturm in urtümlicher Umgebung

am schönsten ist. Hermann Göring jagte gern im 5000 ha großen Areal, Erichs Honeckers Truppe ebenso.

Aktivitäten: Einige Reedereien bieten **Boddenrundfahrten** an.

ⓘ Kur- und Tourismusbetrieb, Gemeindeplatz 1, 18375 Ostseebad Prerow, Tel. 038233/6100, Fax 038233/61020, www.ostseebad-prerow.de

ZINGST 7

Zingst entwickelte sich im 18. und 19. Jh. zu einem bedeutenden Seefahrerdorf. Mehrere Werften bauten Schiffe für die ›kleine Seefahrt‹. Um 1880 fuhren an die 100 Segler unter Zingster Flagge. Heute starten im Hafen Ausflugsboote zu Rundfahrten auf dem Bodden, nach Barth und Hiddensee sowie im Herbst zu den Kranichrastplätzen um die streng geschützten Salzgrasinseln Kirr und Oie. Zingst profiliert sich mit Fotoausstellungen und Workshops sowie dem Seminar- und Galeriehaus ›Schule des Sehens‹ als ›Seh-Ort‹ für Fotografie-Fans.

Sehenswert: Die 270 m lange **Seebrücke** in Zingst wurde 1993 fertig gestellt; von 20.00 Uhr bis zum Morgen um 8.00 Uhr darf man auf der Brücke angeln. Kapitäne waren meist reicher als die übrigen Dorfbewohner; sie bauten sich weiße Steinhäuser mit Dachgeschoss (u. a. Sandstraße 7) – die Steuermänner blau gestrichene, die ärmeren Dorfbewohner reetgedeckte Lehmbauten. In einem Kapitänshaus ist das **Heimatmuseum** untergebracht und zeigt Exponate u. a. aus Seefahrtsgeschichte und Wohnkultur des 18. und 19. Jh. (Strandstraße 19; Mitte Juni–Mitte Sept. Di.–Fr. 10.00–17.00, Sa. und So. 13.00–16.00 Uhr, sonst kürzer). In die **Villa Ruh** (neben der Pommernstube am Kreisel) ist eine Fotogalerie eingezogen.

SPECIAL

Tonnenabschlagen

In Born, Prerow und anderen Darßer Orten versuchen reitende Einheimische mit einem Holzknüppel ein blumengeschmücktes Fass zu zerschlagen. Das Fass hängt an einem Seil, das über den Festplatz gespannt ist. Geritten wird im Galopp. Wer den Fassboden mit einem Schlag ›entfernt‹, wird Bodenkönig, wer vom Pferd fällt, Sandkönig, und der Sieger, der den letzten Holzsplitter vom Haken schlägt, ist Tonnenkönig. Den feiert das Dorf dann ausgiebig mit Musik, viel Schnaps und Bier. Das ›Tonnenabschlagen‹ Ende Juli/Anf. Aug. erinnert vermutlich an die Tonne Hering, die den Schweden bis 1815 als Tribut zu zahlen war.

Aktivitäten: Der Landschaftsfotograf Heinz Teufel leitet **Fotoworkshops** mit Vorträgen des Fotografen, ausgiebigen Fototouren und anschließender Bildbesprechung (Tel. 038232/84673, www.photographie-zingst.de). Ähnlich sind die Foto-Törns des Kölner Fotografen Joachim Rieger in Zingst und Barth (Tel. 0221/7391875, www.komm-art.de). ›Kinder von 5 bis 95‹ lädt das **Experimentarium** zum Anfassen, Spielen und Ausprobieren ein; mit einfachen Experimenten wie Wasserwirbel, Spiegel, Fernrohre und Pendel kann man die Gesetze der Physik testen (Juni bis Aug. tgl. 10.00–19.00 Uhr, sonst kürzer).

Veranstaltungen: Jedes Frühjahr lassen sich bekannte Pianisten auf den **›Kla4Tagen‹** von wechselnden Themen inspirieren.

Umgebung: An der Ostspitze des Zingst liegt der Aussichtspunkt **Pramort**. Mehr noch als im Bodden rasten hier die Kraniche.

ⓘ Kur- und Tourismus-Gesellschaft, Seestraße 56, 18374 Ostseeheilbad Zingst, Tel. 038232/81580, Fax 038232/81550, www.zingst.de

BARTH 8

Im Zentrum des Schifferstädtchens liegt der Marktplatz mit seiner wuchtigen Backsteinkirche aus dem 14. Jh. mit ihrem 87 m hohen Turm. Spuren des Reichtums, den Barther Bürger als Werftbesitzer und Reeder im 18. und 19. Jh. erwarben, finden sich noch in den verzierten Fassaden einiger städtisch wirkender Bürgerhäuser.

Sehenswert: Die Buchholz-Orgel (um 1820) in der **Marienkirche** (Urspr. 14. Jh.) mit 42 originalen Registern gilt als das größte in Deutschland erhaltene Werk der Orgelbauer Buchholz (www.buchholzorgel.de). Anstelle des einstigen fürstlichen Schlosses entstand 1733–1741 der barocke Gebäudekomplex des **Adligen Fräuleinstiftes**; die zweiflügelige Barockanlage ist die einzige schwedische Stiftung auf deutschem Boden.

Museen: Die Vineta-Sage fasziniert Dichter und Forscher. Auch wenn Barth Vineta für sich beansprucht, dokumentiert das **Museum** in einem kleinen Raum unterm Dach des ehem. Rathauses alle drei Theorien über die versunkene Stadt. Im Erdgeschoss gibt es eine Ausstellung zur Natur- und Frühgeschichte der Barther Umgebung (Vineta-Museum, Lange Straße 16, www.vineta-museum.de; Di.–Sa. 10.00–12.00 und 13.00–17.00, So. 14.00 bis 17.00 Uhr). Von 1588 ist die niederdeutsche Barther Bibel im **Bibelzentrum**; außerdem informiert die Ausstellung in der Hospitalkirche St. Jürgen aus dem 13. Jh. über die Geschichte der und Geschichten aus der Bibel (Sundische Straße 52, www.bibelcentrum.de; Di.–So. 10.00–18.00 Uhr).

Veranstaltungen: **›Tonnenabschlagen‹** im Juni/ Juli. Sommerliche **Vineta-Festspiele** im Theater Barth (Tel. 03971/208925, www.vineta-festtage.de). Bis zu drei Dutzend Zeesboote unter rotbraunen Segeln nehmen auf dem Bodstedter Bodden an der **Zeesbootregatta** teil (1. Sept.-Wochenende).

ⓘ Barth Information, Lange Straße 13, 18356 Barth, Tel./Fax 038231/2464, www.stadt-barth.de

TIPP

Der Zug der Kraniche

Der Himmel über dem Bodden wird fast schwarz. Die trompetenartigen Rufe verhallen in der Weite des flachen Landes. Jedes Jahr im Sept. und Okt. rasten bis zu 60 000 Graukraniche (Grus grus) in den Boddengewässern zwischen Rügen und Fischland. Hier fressen sich Europas größte flugfähige Vögel das Fett an, das sie für die 2000 km bis in ihre Winterquartiere benötigen. In 800 bis 1000 m Höhe fliegen die Kraniche in Formation mit bis zu 80 km/h nach Südwestfrankreich und Spanien. Das Kranich-Informationszentrum hat in Groß Mohrdorf 14 km nordw. Stralsund und am Pramort auf dem Zingst Beobachtungsposten gebaut (Eintritt frei). Von Wustrow aus bringen Ausflugsschiffe Interessierte zu den Rastplätzen im Saaler Bodden (Kranich-Informationszentrum, Tel. 03823/80540, www.kraniche.de, www.kranichzug.de).

ST. NIKOLAI
NICOLAI CAFÉ

Rückkehr des Hansestolzes

Für ihr ›idealtypisches mittelalterliches Stadtbild‹ wurde Stralsunds Altstadt Welterbestätte. An allen Ecken und Enden werden backsteinerne Fassaden geputzt. Junge Leute organisieren Festivals, Konzerte und Begegnungen mit den neuen Nachbarn rund um die wieder mitteleuropäisch gewordene Ostsee. Und immer mehr Künstler und Pioniere entdecken die stille Einsamkeit des vorpommerschen Hügellands. Erste Pflänzchen eines Neubeginns gedeihen, kaum bemerkt vom Rest der Welt.

Ihr Altes Rathaus ist der Stolz der pommerschen Hanseperle Stralsund.

▼ *Einst die Kirche der Fischer und Schiffer: Stralsunds St. Nikolai* ▲ *St. Marien hinter dem Frankenteich* ▼ *Mit fachkundiger Führung: Stadtrundgang*

▲ Himmelstrebend: Prunkfassade vom Rathaus

▼ ›Passage‹ durch Stralsunds Rathaus

Bürgerstädte sind sie wieder geworden, Vorpommerns Hanseperlen. Greifswald war fast zusammengefallen, als die DDR unterging. Die alten Kaufmannshäuser, in Jahrhunderten krumm und hohl geworden, stützten sich mit letzter Kraft auf eilig angebrachte Balken und verschraubte Eisenrohre. Ihre Bewohner hatten sie aufgegeben, waren längst in die Neubau-Vorstädte gezogen. Nach Schönwalde zum Beispiel. Frisch gesetzte Bäumchen biegen sich im Wind, der zwischen den aufgereihten Plattenbauten hindurchpfeift. Die Wohnungen hier waren trocken und warm, hatten Badezimmer und Aufzüge. Und Arbeit gab es im nahen Atomkraftwerk Lubmin.

›Ruinen schaffen, ohne Waffen‹, lästerte der Volksmund. Geld und oft auch Interesse für die alten Häuser fehlte. Was einstürzte, wurde zusammengeschoben und durch Plattenbauten ersetzt.

SPECIAL

Alles Caspar in Greifswald

Der Romantik-Maler Caspar David Friedrich (1774–1840) kam in Greifswald als Sohn eines Seifensieders zur Welt. Berühmt wurde Caspar David Friedrich mit Gemälden von der Kreideküste auf Rügen oder der Ruine von Eldena. Im Pommerschen Landesmuseum sind einige seiner wichtigsten Werke ausgestellt. In einer ehemaligen Seifensiederei erinnert das Caspar-David-Friedrich-Zentrum an Werk und Leben des Künstlers. In hellen Räumen am Dom werden die Arbeitstechniken des Meisters gezeigt. Man erfährt Schritt für Schritt, wie die Bilder entstanden. In der Ausstellung im Keller wurde eine Seifensiederei nachgebaut mit einem Kupferkessel und historischem Werkzeug. So ähnlich muss der Arbeitsplatz von Caspars Vater ausgesehen haben.

Nicht viel besser sah es in Stralsund aus. Inzwischen sind beide Innenstädte saniert. Für Freunde gewachsener Stadtgeschichte schon zu geschleckt, recken sich die backsteinernen, rot oder gelb verputzten Giebel der Hansekaufleute wieder in den Himmel. Junge Leute haben schicke Cafés, Galerien und Läden in Erdgeschossräumen eröffnet. Stadtwohnungen sind gefragt.

▲ Beschaulich: ehemaliges Heilgeisthospital

▼ Kapitänskajüte der ›Gorch Fock I‹

▲ Einmal ein großes Rad drehen: auf der ›Gorch Fock I‹

▼ Im Museumshaus in der Mönchstraße

► Der Kirchenbau ist unübersehbar: Meeresmuseum

Kulissenhaft erscheinen die Marktplätze der beiden Hansestädte heute, präzise rekonstruiert bis auf den letzten Pflasterstein. Die Touristen bestaunen Fassaden wie das in kräftigem Rot schimmernde Greifswalder Rathaus, die backsteinerne Front des prächtigen Rathauses von Stralsund oder den mächtigen gotischen Giebel am Wulflamschen Haus. Benannt ist es nach dem Bürgermeister der Stadt, der von seiner Wohnung ins Rathaus jenseits des Platzes über einen eigens ausgelegten roten Teppich geritten sein soll.

SPECIAL

Eine Legende kehrt heim

In der Kapitänskajüte lächelt Michail Gorbatschow von der Wand. An Deck schlagen junge Männer tischplattengroße Rostbrocken ab, schleifen und schweißen an Rumpf und Aufbauten, während erste Touristengruppen die Gangway heraufklettern. Für die ›Gorch Fock‹ hat Nicole Merten alles stehen und liegen gelassen. Jetzt lebt die junge Hamburgerin auf dem Schiff und hilft jeden Tag mit, den 82 Meter langen Dreimaster wieder seegängig zu machen. ›Wir sind alle verrückt‹, sagt Nicole lachend und meint damit die Mitglieder und Helfer des Vereins ›Tall Ship Friends‹, die sich der ersten ›Gorch Fock‹ verschrieben haben. Rund sechs Millionen Euro wird es kosten – trotz der vielen ehrenamtlichen Helfer wie Lothar Pisowotzki: 25 Jahre lang hat der Schiffselektriker auf der Volkswerft gleich hinter dem Hafen gearbeitet. ›Russenschiffe‹ habe er dort repariert. ›Die sahen alle so aus wie dieses hier.‹ Das Schulschiff der Reichsmarine, 1945 versenkt und von der Sowjetmarine gehoben, diente auch als ›Tawarischtsch‹ (Genosse) als Schulschiff. Seit Anfang 2004 liegt der leuchtend weiße Traum im Stralsunder Hafen, 2008 soll er wieder in See stechen – 75 Jahre nach seinem Stapellauf. Benannt wurde der Windjammer 1933 nach dem norddeutschen Heimatdichter Hans Kinau, der unter dem Künstlernamen Gorch Fock veröffentlichte.

So ähnlich sie scheinen mögen: Die beiden Hansestädte Greifswald und Stralsund sind ungleiche Schwestern. Intellektueller, studentischer, der Welt zugewandt die eine als Stadt der Wissenschaft mit

▲ Maritimes Flair an Stralsunds Fischmarkt

▲ In drei Minuten geht es los: Ein Großereignis ist das ›Sundschwimmen‹ im Juli

▲ Treffpunkt seit 1332: ›Zur Fähre‹ in der Fährstraße

▼ Wasser als Erlebnis: ›HanseDom‹

▲ *Blick von St. Marien auf St. Nikolai*

▼ *Ein Original-Bismarckhering*

ihrer mehr als 500 Jahre alten Universität, mit internationalen Film-, Tanz- und Musikfestivals im Sommer. Auf einer Beinahe-Insel erbaute Arbeiter-, Fischer- und Seemannsstadt die andere, immer noch Schiffbaustandort. Doch auch die Stralsunder Fachhochschule wächst, zieht junge Menschen an. Die Unterschiede zwischen beiden Städten schwinden.

SPECIAL

Rückkehr des Bismarckherings

Johann Wiechmann und seine Frau waren ihrer Zeit voraus. In den 1850er-Jahren entgräteten die beiden Ostseeheringe und legten sie sauer ein. So verkauften die Wiechmanns noch im Herbst Hering aus dem Frühjahrsfang. Anderswo waren die Vorräte dann längst erschöpft. Mit einem Lottogewinn von 1000 Goldmark erwarb Wiechmann das Haus Fährstraße 21 am Stralsunder Hafen. Hier baute er die erste Fischkonservenfabrik an der deutschen Ostsee. Und weil er Otto von Bismarck sehr verehrte, erhielt der Reichskanzler 1871 ein Fässchen seiner Heringe mit der ›unterthänigsten Bitte, dieselben als Bismarck-Heringe handeln zu dürfen‹. Er durfte, und eine neue Spezialität war geboren. Gut 130 Jahre später stieß der Stralsunder Fischhändler Harry Rasmus auf die Geschichte und gelangte mühsam an das Originalrezept. Bis zu fünf Tonnen Ostseehering verarbeitet Rasmus pro Jahr zu Original Stralsunder Bismarckhering. ›Alles in Handarbeit.‹

Mehr als Greifswald hat Stralsund unter dem Krieg gelitten. Fast zwei Drittel der Häuser fielen den Bomben zum Opfer. Dennoch trägt Stralsunds Altstadt den Titel ›Welterbe‹ zusammen mit Wismar. Als einmalig gilt die Insellage zwischen Strelasund und im 13. Jahrhundert aufgestauten Teichen. Ihr Grundriss blieb seit dem Mittelalter fast unverändert. Auf der kleinen Altstadtinsel finden sich mehr als 500 Baudenkmäler aus acht Jahrhunderten, die schon dem Dreißigjährigen Krieg und dem kaiserlichen Heerführer Wallenstein widerstanden hatten – woran sich die Stralsunder alle Jahre wieder gern erinnern.

›Wir wollen das Welterbe innovativ nutzen‹, verspricht die Designerin und Grafikerin Friz Fischer. In einem kopfstein-

◄ Im Pommerschen Landesmuseum

▲ Vom Greifswalder Dom fällt der Blick auf das Rathaus

▲ Im Dom

▼ Hinter klassizistischen Mauern: Gemäldegalerie des Landesmuseums ▲ Greifswalder Ansichten

gepflasterten Pferdestall am Fischmarkt hat sie ihre ›Galerie der Sprüche‹ eröffnet. ›Geht nicht, gibt's nicht‹ steht dort – so etwas wie der Wahlspruch der Galeristin.

Eigeninitiative am wichtigsten

›Wir müssen die Menschen wieder zu Bürgern machen‹, ist einer der Sätze, die man hier und anderswo im neuen deutschen Osten immer wieder hört. Dass man mit wenig und Eigeninitiative viel erreichen kann, bewies der Stralsunder Josef Wycisk schon vor dem Ende der DDR. 1971 kaufte er – ›zwischen Mut und Wahnsinn‹ – für ein halbes Jahresgehalt eines der völlig heruntergekommenen bürgerlichen Giebelhäuser in der Frankenstraße. Seitdem investierte er jede freie Minute und jede Mark in das 700 Jahre alte dreistöckige Haus mit der Nummer 28. Ganz Stralsund kannte den verrückten Klempner, der jeden Tag nach acht Stunden ›auf Arbeit‹ vier weitere und jedes Wochenende auf seiner Baustelle werkelte. Inzwischen wohnt Josef im 1. Stock. Das Erdgeschoss mit der großen Diele ist immer noch nicht fertig. Material gibt es jetzt überall zu kaufen. Doch er kann es nicht bezahlen. So führt er Touristen gegen Spende durch sein Lebenswerk und zeigt ihnen auf dem vierten Dachboden unter 500 Jahre alten, von schwedischen Kanonenkugeln angeschossenen Balken seine Ziegelsteinsammlung: 400 Steine aus acht Jahrhunderten. Auf manchen finden sich noch die Spuren von Katzen, Hunden oder Füchsen, die über die Steine liefen, als sie vor dem Brand zum Trocknen auf einer Wiese lagen.

›Die Hansestädte sind groß geworden durch den kreativen Wettbewerb ihrer Bürger‹, erinnert Galeristin Friz Fischer ihre Mit-Stralsunder immer wieder. Auch die Tourismuswerber haben diese Tradition wieder entdeckt. Als Hansekauffrau verkleidet, führt eine junge Frau kompetent und fröhlich durch Stralsunds Altstadt, erzählt von Pfeffersäcken, dem Bürgermeister Wulflam, dem mittelalterlichen Markt unter den Arkaden im Innenhof des Rathauses und der bewegten Geschichte der Nikolaikirche. Damit das Besucherinteresse bleibt, ließ die Stadt deren Original-Buchholzorgel restaurieren – ein weiteres Steinchen im Historienpuzzle Stralsund.

▲ *Jazz hat Tradition in Eldenas Klostermauern*

▼ *Gastlichkeit in Wieck*

▲ *Moderne Kunst vor bäuerlicher Kulisse: Katzows Skulpturenpark*

▼ Wiecks Übergang über die Ryck ▲ Eldena: Ruinen erinnern an große Klostervergangenheit

Schwieriges Umland

›Wie die Kinder, hoch hinaus und nichts dahinter‹, hatten die Lübecker gelästert, als sich die Hanse-Partnerstadt Stralsund ihr Rathaus bauen ließ: reinste Backsteingotik mit einer fast vier Stockwerke hohen, aufgesetzten Schmuckfassade, durch deren Ornamente der Ostseehimmel schimmert.

SPECIAL

Studentenknast

Weil sich brave Bürger immer wieder über das unsittliche Betragen der Studenten beschwerten, griff die Universität Greifswald durch. Wer mit ›liederlichen‹ Frauen erwischt wurde oder betrunken, wurde eingesperrt. Bis zu 14 Tage lang durfte die Uni unbotmäßige Studenten in den Karzer stecken. Weil es mit der Disziplin der Studiosi ›nicht zum Besten‹ stand, richtete die Hochschule 1830 neun Haftzellen ein – für damals gerade mal 150 Studenten. Eine ist erhalten geblieben. Hinter der schweren Eisentür im zweiten Stock des backsteinernen Universitätsgebäudes haben sich Dutzende von Studenten mit Graffiti verewigt. Neben Sprüchen und Namen malten die Studenten die Fahnen ihrer Verbindungen an die Wände. Für die meisten war die Karzerhaft ein Spaß, mit dem sie hinterher bei ihren Kommilitonen angeben konnten.

Jenseits der Stadtmauern beginnt das Land, das niemand dekoriert. Niemandsland. Verschlafene Dörfer abseits der Touristenströme, die der ›Aufschwung Ost‹ vergessen hat. Je weiter man nach Osten fährt, desto stiller wird es. Ostvorpommerns Kennzeichen OVP übersetzen manche mit ›Ostdeutschlands verlorene Provinz‹. Nach der Wende leerten sich ganze Dörfer. Klein Jasedow zum Beispiel fanden überraschte junge Leute aus dem Westen auf der Suche nach einer neuen Heimat verlassen vor – und machten es zum Lichtblick in einer Region, wo offiziell jeder Vierte keine bezahlte Arbeit findet. Inzwischen hat die Gemeinschaft der ›Siedler von Klein Jasedow‹ einen kleinen Verlag aufgebaut, Werkstätten und auch eine Genossenschaft, die Obst, Gemüse und Kräuter nach gefragten Biolandbau-Regeln anbaut.

90
Maßstab 1:300.000
0
5 km
Nationalpark
Vorpommersche
Boddenlandschaft
Dornbusch
Hünengräber
Grieben
Kloster
Vitte
Insel
Hiddensee
Neuendorf
Schaprode
Öhe
Retelitz
Gellen
Haide
Ummanz
Dorfkirche
Waase
Wusse
Freesenort
Heuwiese
Bock
Zingst
Pramort
Barhöft
Wendisch Langendorf
Klausdorf
Bisdorf
Batevitz
Hohendorf
Groß Mohrdorf
Nisdorf
Muuks
Günz
Grabow
Prohn
Parow
Kramerhof
Altenpleen
Preetz
Neuenpleen
Buschenhagen
Neu Bartelshagen
Groß Kordshagen
Duvendiek
Lassentin
Zansebuhr
Krönnevitz
Schmedshagen
STRALSUND
Freizeitpark HanseDom
Rathaus
Nikolaikirche
Museum
Marienkirche
Altefähr
Jarkvitz
Barnkevitz
Scharpitz
Breesen
Rambin
Flemendorf
Wüstenhagen
Niepars
Pantelitz
Karnin
Kummerow
Heide
Hanse-Route
Martensdorf
Langendorf
Drigge
Bussin
Obermützkow
Zimkendorf
Pütte
Lüssow
Borgwallsee
Neu Lüdershagen
Negast
Devin
Neuhof
Niederhof
Alt Lendershagen
Schuenhagen
Nienhagen
Wendorf
Zarrendorf
Brandshagen
Hövet
Jakobsdorf
Wolfshagen
Steinhagen
Krummenhagen
Ahrendsee
Stahlbrode
Glewitz
Oberhinrichshagen
Reinberg
Falkenhagen
Berthke
Grün Kordshagen
Deutsche Alleenstraße
Elmenhorst
Bookhagen
Behnkendorf
Hildebrandshagen
Windebrak
Abtshagen
Miltzow
Reinkenhagen
Richtenberg
Franzburg
Eichholz
Sievertshagen
Wittenhagen
Mannhagen
Jeeser
Kirchdorf
Riemserort
Insel Riems
Koos
Insel Koos
Gristow
Karrendorf
Mesekenhagen
Gersdin
Wolfsdorf
Ungnade
Glashagen
Stoltenhagen
Jager
Dolgen
Neumühl
Buchholz
Papenhagen
Bremerhagen
Horst
Klein Kieshof
Groß Petershagen
Drechow
Rolofshagen
Schönenwalde
Hohenwarth
Willershagen
Wüst Eldena
Krakow
Poglitz
Hohenbarnekow
Splietsdorf
Holthof
Bartmannshagen
Grimmen
Marien-Kirche
Kaschow
Prützmannshagen
Jarmshagen
Steffenshagen
Wackerow
Neuendorf
Willershusen
Gremersdorf
Rekentin
Vorland
Grellenberg
Quitzin
Levenhagen
Boltenhagen
Heilgeisthof
Bassin
Grimmen-West
Grimmen-Ost
Jessin
Kreutzmannshagen
Siemersdorf
Kirch Baggendorf
Leyerhof
Klevenow
Stralsund
Greifswald
Griebenow
Alt Ungnade
Hinrichshagen
Zarrentin
Wendisch Baggendorf
Borgstedt
Dönnie
Wüsteney
Kandelin
Klein Bisdorf
Stremlow
Techlin
Gransebieth
Bronkow
Poggendorf
Süderholz
Groß Friedrichsfelde
Neu Ungnade
Sissow
Prosnitz
Venzvitz
Mellnitz
Groß Schoritz
Silmenitz
Glutzow
Siedlung
Zudar
Losentitz
Zicker
Poppelvitz
Palmer Ort
Rügischer Bodden
Greifswalder Bodden
Thiessow
Südperd
Ruden
Struck
Spandowerhagen
Peenemünde
Freest
Lubmin
Gahlkow
Vierow
Wampen
Neuenkirchen
Loissin
Brünzow
Wusterhusen
Nonnendorf
Voddow
Marienkirche
Wieck
Klosterruine
Ludwigsburg
Dom St. Nikolai
Eldena
GREIFSWALD
Friedrichshagen
Pritzwald
Gustebin
Rubenow
Stilow
Ziesebruch
Wolgast
Lodmannshagen
Netzeband
St. Petri-Kirche
Rappenhagen
Neu Boltenhagen
Kemnitz
Kemnitzerhagen
Kühlenhagen
Katzow
Schalense
Pritzier
Helmshagen
Weitenhagen
Diedrichshagen
Hanshagen
Jägerhof
Subzow
Grubenhagen
Dersekow
Sestelin
Dargelin
Alt Negentin
Zastrow
Klein Zastrow
Hanse-Route
Groß Kiesow
Sanz
Behrenhoff
Kessin
Krebsow
Wrangelsburg
Lühmannsdorf
Buddenhagen
Hohensee
Brüssow
Gladrow
Möckow
Zarnekow
Steinfurth
Görmin
Goslow
Stresow
Müssow
Klein Kiesow
Radlow
Thurow
Züssow
Karlsburg
Schloss
Wahlendow
Trissow
Alt Jargenow
Schmoldow
Kuntzow
Kammin
Dargezin
Dambeck
Bandelin
Kölzin
Gribow
Oldenburg
Ranzin
Pamitz
Bömitz
Plestlin
Gützkow
Groß Jasedow
Groß Bünzow
Rubkow
Bentzin
Neuendorf
Klein Bünzow
Zarrenthin
Breechen
Schmatzin
Owstin
Schlatkow
Konsages
Daugzin
Murchin
Jarmen
Tutow
Pentin
Lüssow
Wasserschloss Quilow
Kruckow
Groß Toitin
Priemen
Salchow
Ziethen
Klein Toitin
Kagenow
Pätschow
Groß Polzin
Menzlin
Relzow
Wilhelminenthal
Kartlow
Völschow
Neetzow
Liepen
Stolpe
Peene
Plötz
Kadow
Klein Below
Preetzen
Dersewitz
Grüttow
Marienkirche
Anklam
Jagetzow
Tramstow
Gramzow
Steinmocker
Wussentin
Krusenfelde
Krusenkrien
Medow
Postlow
Alt Tellin
Pritzenow
104
58
Stralsund
Maßstab 1:17.000
0
200 m
Hafeninsel
Nordmole
Fährgasthafen d. Weißen Flotte
Hafenamt
Mittelmole
Nordhafen
Werder
Knieperteich
Heydemann-Ring
Kniepertor
Küterdamm
Küter-tor
Alt-Stadt
Rathaus
Heilgeiststr.
Jacobi-K.
Katharinenkl.
Meeresmus.
Neuer Markt
Marien-K.
ALT-STADT (zu Stralsund)
BASTIONEN-GÜRTEL
Teich
Frankenteich
Frankendamm
FRANKEN-VORSTADT
Frankenwall
Knieperdamm
Friedr.-Engels-Str.
Tribseer Damm
Hanse-Center
Bahnhof
Karl-Marx-Str.
Ufer
Fr.-Ludw.-Jahn-Sportstätte
Dänholm-Str.
Ziegelstr.
86
Stralsund Rügendamm
1
2
3
4
5
6
7
8
302
303
304
304a
305
306
307
308
309
310
Greifswald
1 Am Rubenowplatz
2 Brüggstr.
3 An der Jacobikirche
Ryck
Salinen-
Fangenturm
Hafen
Stralsunder Str.
Hansering
Tierpark
Frauenklinik
Uniklinik
Friedrich-Loeffler-Str.
Lange Str.
Karl-Marx-Platz
Dom
Markt
Mühlenstr.
Wollweberstr.
Bahnhofstr.
Hans-Fallada-Str.
Goethestr.
Anklamer Str.
Wolgaster Str.
Theater
Landesarchiv
St.-Joseph
Museum
Gymn.
Soldtmann-str.
Fleischerwiese
1 2 3 4 6 7
9
10
11
12

Infos

Inmitten der Bürgerhäuser an Stralsunds Markt steht das backsteinerne Wulflamhaus

STRALSUND 1–8

Fischerei und Handel mit landwirtschaftlichen Produkten des Umlandes waren Basis der Stadtentwicklung (Stadtrecht 1234). Schon Ende des 13. Jh. war Stralsund Hansemitglied und vermarktete als Zwischenhandelsstadt alles, was der Städtebund zu bieten hatte. Mit dem Versuch des kaiserlichen Oberbefehlshabers Albrecht von Wallenstein 1628, die Stadt zu erobern, begann die schwedische Zeit; aus dem anfänglichen Verteidigungsbündnis wurde im Westfälischen Frieden die Herrschaft über Vorpommern (bis 1815). Und die Schweden bauten Stralsund zu einer Festung aus. Auf dem Wiener Kongress nach dem Ende der Befreiungskriege gegen die napoleonische Herrschaft wurden Stadt und Vorpommern Preußen zugesprochen.

Der Eisenbahnanschluss, der Ausbau des Hafens und die Industrialisierung führten Mitte des 19. Jh. zu einem neuen Aufschwung. Zum Verkehrsknotenpunkt wurde Stralsund durch die Eröffnung des Rügendamms 1936. Verheerend war der alliierte Bombenangriff im Okt. 1944, dem ein Großteil der Altstadt zum Opfer fiel. Die Gründung der Volkswerft 1948 machte Stralsund erneut zu einem wichtigen industriellen Standort. Die Wende war auch hier einschneidend. So arbeiten beispielsweise im Schiffbau nur noch wenige, wenn die Schiffbauhalle auch ein stadtbildbestimmendes Bauwerk ist. Dafür zählt die junge Fachhochschule schon rund 2800 Studenten. Als Anerkennung der großen Bemühungen um das Stadtbild wurde die Aufnahme in das Unesco-Welterbe verstanden. Auf dem Weg nach Rügen legen viele in Stralsund (60 000 Einw.) einen Zwischenstopp ein.

Sehenswert: Den schönsten Blick auf die **Altstadtsilhouette** mit ihren drei mächtigen Kirchen hat man vom gegenüberliegenden Altefähr (Rügen). Erhalten sind zahlreiche Bauten aus der Glanzzeit der Hanse im 14. Jh., als Stralsund nach Lübeck (einfluss-) reichstes Mitglied des Städtebunds war. Allein auf der Altstadtinsel finden sich mehr als 500 Baudenkmäler. Die berühmtesten unter ihnen sind am **Alten Markt** 1 das backsteingotische **Rathaus** (13.–17. Jh.) und das prächtige **Wulflamhaus** (um 1350) mit seinem hohen gotischen Backsteingiebel. Die **Nikolaikirche** (13. und 14. Jh.) mit ihren beiden ungleichen, wuchtigen Backsteintürmen beherbergt eine Vielzahl Kunstschätze und eine astronomische Uhr von 1394. Unübersehbar sind die Spuren der Schweden, die von 1648 bis 1815 die Geschicke der Stadt bestimmten; direkt am Alten Markt residierte der schwedische **Stadtkommandant** in einem barock-klassizistischen Bau (um 1750) mit Stralsunder Wappen am Giebel.

Über die älteste Straße der Stadt, die Fährstraße, gelangt man zum Hafen mit seinen **Speicherhäusern**. Interessant ist ein kleiner Ausflug an den Altstadtrand auf das Gelände des ehem. Franziskaner-**Johannisklosters** 2 (Urspr. 13. Jh.) mit seinen bunten Wohnhäuschen, die sich an die Klostermauer lehnen. In der Frankenstraße finden sich einige großbürgerliche **Stadthäuser**, deren unterschiedliche Giebel die Baustile mehrerer Jahrhunderte abbilden. Der Aufstieg auf den Turm der größten Kirche in Mecklenburg-Vorpommern, der ab 1384 erbauten **Marienkirche** 5 (365 Stufen bis zur 90 m hohen Aussichtsplattform) am Neuen Markt, lohnt sich wegen des Ausblicks über die ganze Stadt bis weit nach Rügen und über die Hügel Vorpommerns; auf der Original-Stellwagen-Orgel (1659) im Inneren der Kirche finden Orgelkonzerte statt.

Von den Stadttoren aus dem Mittelalter sind nur das **Kniepertor** 6 und das **Kütertor** 8 (beide 15. Jh.) erhalten geblieben. Das **Heilgeistkloster** 4 war das älteste Hospital Stralsunds (13.–15. Jh.) und einst außerhalb der Mauern gelegen.

Angesichts der ›Gorch Fock I‹ strahlt der Seebär

Museen: Das **Deutsche Meeresmuseum** 7 (s.Tipp) ist auf mehrere Standorte verteilt (Katharinenberg 14, www.meeresmuseum.de; Juni–Sept. tgl. 10.00–18.00, sonst bis 17.00 Uhr). Die Außenstelle Nautineum auf dem kleinen Dänholm zeigt Fischerei und Schifffahrt, die ›MeeresWelten‹ 3 auf der Hafeninsel die mythischen, wissenschaftlichen, ökonomischen und ökologischen Seiten der Meere (gleiche Zeiten, aber Nov. bis April geschl.). An der Hafeninsel liegt auch die Dreimastbark **›Gorch Fock I‹** (www.gorch-fock-stralsund.de, tgl. 10.00–17.00 Uhr). Im ehem. Katharinenkloster zeigt das **Kulturhistorische Museum** 7 wichtige Stationen der Stralsunder Stadtgeschichte, alte Möbel, Porzellanwaren (›Stralsunder Fayencen‹), ein rund 4000 Jahre altes Bernsteinamulett und Kopien des ›Hiddenseer Goldschatzes‹. Im ehem. Refektorium finden Konzerte und Lesungen statt (Mönchstraße 25, Tel. 03831/28790; Di.–So. 10.00–17.00 Uhr). Als nahe Außenstellen dokumentieren das Museumshaus (Mönchstraße 38) und der

TIPP

Besuch in Meereswelten

Durch die Kirchenfenster fällt warmes, rötliches Licht auf das 15 Meter lange Original-Finnwalskelett. Auf der Galerie im gotischen Chor tummeln sich bunte Tropenfische, Seesterne und anderes Meeresgetier in allen Farben und Formen. Über Jahrzehnte brachten Seeleute der DDR Fische und Pflanzen aus allen Weltmeeren mit – für das Deutsche Meeresmuseum im Stralsunder Katharinenkloster. Mehr als 600 000 Menschen kommen jedes Jahr, um immer neue Sensationen aus den Ozeanen zu bestaunen. Mittlerweile gibt es weitere Standorte auf dem Darß und auf der Insel Dänholm im Strelasund, wo Schiffe aus mehreren Jahrhunderten liegen. Neuester Coup der umtriebigen Museumsleute ist das Ozeanum am Stralsunder Hafen: Hier entstehen 25 Nordsee- und Nordatlantikaquarien und 14 Ostsee-Schaubecken, eine arktische Landschaft mit Pinguinen, ein Tiefseetunnel, eine Seegraswiese, ein Streichelbecken mit Meerestieren …

Museumsspeicher (Böttcherstraße 23) vergangene Zeiten (gleiche Öffnungszeiten).

Einkaufen: In der ›**Würzstuv**‹ im Museumshaus Mönchstraße gibt es u. a. Marmeladen, Likör, Saft und Bonbons aus Rügener Sanddorn (Mönchstraße 38, www.wuerzstuv.de). Original Bismarckhering gibt es bei **Fischhandel & Räucherei Henry Rasmus** (Heiliggeiststraße 10, www.bismarckhering. com).

Ausgehen: Eine der ältesten Kneipen Europas ist seit 1332 die ›**Fähre**‹ (Fährstraße 17, www.zurfaehre-kneipe.de), ein mit dunklem Holz vertäfeltes uraltes ›gutbürgerliches‹ Traditions-Fischrestaurant die ›**Kogge**‹ (Tribseer Straße 26, Tel. 03831/285850). Als preiswerte, gemütliche Kellerkneipe zieht ›**Ben Gunn**‹ junges Publikum an (häufig Live-Konzerte. Fährstraße 27, www.bengunn.de).

Aktivitäten: **Ausflugsfahrten** im Strelasund und Überfahrten nach Rügen und Hiddensee bietet die Weiße Flotte (Fährstraße 16, Tel. 0381/26810, www.weisse-flotte.com). Als Freizeit- und Erholungsparadies sieht sich das **Freizeitbad ›HanseDom‹** am westl. Stadtrand (Grünhufer Bogen 18, www.hanse dom. de; tgl. 9.30–23.00 Uhr).

Veranstaltungen: Am Wochenende nach dem 24. Mai gedenkt die Stadt am **Hansetag** des

SPECIAL

Alte Kaufhausdynastien

Hinter einigen der unscheinbaren Fassaden an der Ossenreyerstraße begannen vor gut 150 Jahren große Kapitel der deutschen Wirtschaftsgeschichte. 1852 eröffneten die Gebrüder Wertheim in der Stralsunder Innenstadt einen kleinen Gemischtwarenladen. 50 Jahre später richtete die Familie in der Innenstadt ein Warenhaus ein. 1927 erweiterten die Wertheims ihr Unternehmen mit einem kirchenschiffhohen, glasüberdachten neuen Lichthof, in dem heute unter bunten Glasfenstern und Art-déco-Stuck eine Ladenkette Mode verkauft. Auch aus dem Geschäft, das Leonhard Tietz 1879 eingerichtet hatte, entstand eine deutsche Kaufhausdynastie. 1902 eröffnete er in der Ossenreyerstraße 19 sein erstes Kaufhaus. Gut 30 Jahre später zwangen die Nationalsozialisten Leonhard Tietz wie auch seinen Onkel Hermann Tietz (Hertie) aus Gera und andere jüdische Kaufleute, ihren Besitz im Zuge der ›Arisierung‹ weit unter Wert zu verkaufen. Aus dem Stralsunder Unternehmen wurde ein ›Kaufhof‹.

Der Dreipfeil bzw. ›-strahl‹ in Stralsunds Wappen

Friedensschlusses mit Dänemark von 1370; jedes Jahr ist eine andere der 50 Hansestädte mit einem Kulturprogramm zu Gast. Im Juni sind **Sundische Tage** mit Musik, Piratenlaufen, Kinderevents und **Stralsunder Segelwoche** mit Regatten und Matchrace auf dem Strelasund. Am 1. Juli-Wochenende versuchen bis zu 100 Teilnehmer als Erste schwimmend die 2,4 km lange Strecke zwischen Altefähr (Rügen) und der Seebadeanstalt in Stralsund zurückzulegen; außerdem **Meeresmeisterschaften** auf der 18,5 km langen Strecke von der Insel Ummanz (Rügen) nach Stralsund (www.sundschwimmen.de). Die **Wallensteintage** Ende Juli erinnern mit nachgestellter Schlacht, historischem Markt, Barockfeuerwerk, Gauklern etc. an die erfolgreiche Verteidigung Stralsunds gegen die Armee Wallensteins, die am 24. Juli 1628 zum Rückzug blies. Die **Tour d'Allee** (Okt.) ist ein Radrennen für Profis und Amateure.

ⓘ Tourismuszentrale, Alter Markt 9, 18439 Stralsund, Tel. 03831/24690, Fax 03831/246922, www.stralsund.de, www.hansestadt-stralsund.de

Greifswald 9–12

›Greifswald ist ein gesunder und angenehmer Ort, hat Ackerbau, Obstgärten, Fischerei und Wiesen, und ihr Handel führt der Stadt die auswärtigen Produkte zu, die sie nicht wohlfeiler, sondern auch in besserer Güte als andere Landstädte haben kann. Das benachbarte Land aber, besonders die Insel Rügen, bietet dem Reisenden alle Anmut dar, um sich zu vergnügen.‹ So warb 1799 die Königliche Universität zu Greifswald um Studenten. Als lebendige Hochschulstadt hat sich Greifswald (ca. 58 000 Einw.) mit mehreren internationalen Festivals einen Namen gemacht. Entstanden ist die Stadt aus einer Siedlung beim Zisterzienserkloster Eldena, die 1250 Lübisches (Lübecker) Stadtrecht erhielt. Von der Blütezeit der mittelalterlichen Hansestadt künden die drei Backsteinkirchen sowie die gotischen Giebelhäuser am Marktplatz. Die 1456 gegründete Universität zählt mehr als 9000 Studierende; seit 1933 trägt sie den Namen des auf Rügen geborenen Ernst Moritz Arndt, der zeitweise in Greifswald lehrte. 1945 rettete ein mutiger Stadtkommandant die Stadt vor der Zerstörung; er übergab die ›Perle Vorpommerns‹ kampflos an die Rote Armee.

Sehenswert: Unter Denkmalschutz steht der **Marktplatz** 11 mit seinen Giebelhäusern aus Gotik und Renaissance. Spätgotische Ausmalungen zeigt die **Marienkirche** 12 (13. und 14. Jh.). Am Fischmarkt steht der **Dom St. Nikolai** 10 (13.–15. Jh.) mit den ›Sieben Greifswalder Professoren in Anbetung Mariens‹ (um 1460). Aus der Schwedenzeit stammt das barocke Hauptgebäude der **Universität** 9 (um 1750).

Am Rand des (weiter östlich außerhalb der Innenstadtkarte gelegenen) Ortsteils Wieck nahe der Mündung des Flüsschen Ryck in den Greifswalder Bodden ragt die Ruine des 1199 gegründeten **Zisterzienserklosters Eldena** auf. Nachdem das Kloster jahrhundertelang verfiel, interessierten sich im 19. Jh. die Romantiker für die Ruine, die seit fast 200 Jahren unter Denkmalschutz steht. Sozusagen auf dem Holzweg dorthin liegt die Wiecker **Klappbrücke**. Wer zu spät kommt – oder zu früh –, muss warten. Die Brücke zwischen Fluss und Meer, Kapitänshäusern, Restaurants und Klosterruine klappt auf, um Boote und Schiffe durchzulassen; ein beliebter Anblick wie an den Grachten von Amsterdam.

Museen: Aus 2 kg purem Gold besteht der Peterfilzring, ein altes Schmuckstück aus Pommern; das **Pommersche Landesmuseum** im ehem. Franziskanerkloster zeigt ihn wie Werke von Caspar David Friedrich, van Gogh, Landesgeschichte sowie moderne Kunst. Eine multimediale Ausstellung schlägt einen Bogen von der Eiszeit bis zum 17. Jh. Eine gläserne Halle verbindet das ›Graue Kloster‹ von 1845 mit Konventhaus und Klosterbibliothek aus dem 13. Jh. (Mühlenstraße 15, www.pommersches-landesmuseum.de; Mai–Okt. Di. bis So. 10.00–18.00, sonst bis 17.00 Uhr). Die **Caspar-David-Friedrich-Gesellschaft** pflegt das Erbe des Greifswalder Romantik-Malers Caspar David Friedrich (Lange Straße 57, www.caspar-david-friedrich-gesellschaft.de; Juni–Sept. Di.–Sa. 11.00–17.00, sonst bis 16.00 Uhr). Exzellente Panoramaaufnahmen von der Ostseeküste zeigt Fotograf Marc Waschkau in seiner Foto- und Bildergalerie **Orientation** (Wolgaster Straße 146, Tel. 03834/831323, www.orientation.de).

Ausgehen: Im Geburtshaus des Malers Caspar David Friedrich sitzt heute der Tourismusverband Vorpommern; im Erdgeschoss lädt das moderne **Szenecafé ›Caspar‹** zur Einkehr (Fischstraße 11, www.cafecaspar.de; tgl. ab 9.00 Uhr). Eine gemütliche Kneipe mit alten Sofas, bequemen Stühlen und ruhiger Musik ist das **›Café Ravic‹** (Bachstraße 20, www.cafe-ravic.de; tgl. 18.00–4.00 Uhr).

Veranstaltungen: Am bekanntesten ist das Musik-, Film- und Kulturfestival **›Nordischer Klang‹** im Mai, auf dem Künstler aus dem Baltikum, Polen, Skandinavien und Russland gastieren (www.nordischerklang.de). Mitte Juli ist **Fischerfest ›Gaffelrigg‹** im Museumshafen Greifswald, in Wieck, Ladebow und Eldena; Traditionsseglertreffen, Märkte, seesportliche Wettkämpfe u.v.m. bilden den Rahmen für das maritime Volksfest. Ein **Jazzfestival** mit besonderer Kulisse findet im Juli in der Klosterruine Eldena statt.

Umgebung: Die bundeseigene Gesellschaft zum Abbau des DDR-Atomkraftwerks in **Lubmin** informiert in ihrem Infozentrum vor dem DDR-Atomkraftwerk über die Segnungen der Atomspaltung. Auf Anfrage gibt es Führungen für Besucher durch den einzigen fürs Publikum zugänglichen und fertig gestellten Atomreaktor in Deutschland (Energie Werke Nord, 17507 Lubmin, Tel. 038354/48029, www.ewn-gmbh.de).

ⓘ Greifswald-Information, Rathausarkaden, Am Markt, 17489 Greifswald, Tel. 03834/521380, Fax 03834/521382, www.greifswald.de

SPECIAL

Ernst Moritz Arndt

Der Schriftsteller und Geschichtswissenschaftler Ernst Moritz Arndt (1769 bis 1860) kam auf Rügen zur Welt. Sein Vater, erst kurz vor Ernst Moritz' Geburt aus der Leibeigenschaft entlassen, bewirtschaftete erst eine Schäferei, später auch Landgüter. So konnten die Kinder von Privatlehrern unterrichtet werden – Grundlage für ein Leben als Gelehrter und Schriftsteller. 1800 erhielt Ernst-Moritz Arndt einen Lehrauftrag für Geschichte an der Universität Greifswald. Kurz vor dem Einmarsch französischer Truppen unter Napoleon schrieb Arndt flammende Flugblätter gegen die Besatzung und für einen deutschen Nationalstaat. Er forderte eine ›Mauer brennenden Hasses‹ gegen die ›verbastardisierten Franzosen‹, berichtet ein Greifswalder Hochschullehrer. In einem Schulbuch warnte er vor den Juden, die Deutschland ›mit ihrem Schmutz und ihrer Pest zu überschwemmen drohen‹. Bezeichnenderweise erhielt die Greifswalder Universität gleich 1933 seinen Namen. Der Patriot, Gelehrte, Franzosenhasser, Antisemit, aber auch Vorkämpfer der Bauernbefreiung aus der Leibeigenschaft starb in Bonn.

Wolgast

13

Seit 1997 verbindet die ›Blaues Wunder‹ genannte neue Brücke das Städtchen (15 000 Einw.) mit der Insel Usedom. Die Stadt wurde 1713 komplett neu angelegt, nachdem sie der russische Zar im Nordischen Krieg hatte niederbrennen lassen. In den letzten Kriegstagen zerschossen deutsche und sowjetische Soldaten die meisten Gebäude der einst schönen Stadt. An der Bundesstraße 111 sind noch Teile der mittelalterlichen Stadtmauer aus Feld- und Backsteinen erhalten.

Sehenswert: An der höchsten Stelle der Altstadt, wo vor der Christianisierung der Gerovittempel der slawischen Bevölkerung gestanden hatte, wacht die wuchtige gotische **St.-Petri-Kirche**; nach mehreren Bränden (zuletzt 1920) wurde die Kirche immer wieder umgebaut. Ein Renaissance-Messingepitaph (1560) und die Grabstätten der Pommernherzöge in der Krypta erinnern daran, dass Wolgast 1295–1625 ihre Residenz war. Bemerkenswert sind außerdem der aus 22 Bildern zusammengesetzte Totentanz-Zyklus (um 1700) und slawische Kultsteine aus der Zeit der Christianisierung (um 1100).

Der 80 mal 18 m große **Homeyer-Speicher** am Hafen fasst 5000 t Getreide; der Fachwerkbau ist das größte Speichergebäude im Land.

Botanischer Garten der Universität Greifswald

Museen: Das **Geburtshaus** des Romantik-Malers Philipp Otto Runge (1777–1810) dokumentiert mit Reproduktionen seiner Werke in Originalgröße den künstlerischen Lebensweg Runges von Wolgast über Kopenhagen und Dresden nach Hamburg (Kronwiekstraße 45; Juni–Aug. Di.–Fr. 10.00–18.00, Sa. und So. 10.00–14.00, sonst bis 17.00 Uhr). Am Rathausplatz zeigt das **Stadtgeschichtliche Museum ›Kaffeemühle‹** die Geschichte der Stadt, eine alte Schuhmacherwerkstatt und eine kleine Bernsteinsammlung in einem Kornspeicher aus dem 17. Jh. (Rathausplatz 6; Juni–Aug. Di.–Fr. 10.00–18.00, Sa. und So. 10.00–14.00, sonst bis 17.00 Uhr). Im Museumshafen liegt die weltweit älteste erhaltene Dampffähre; die ›Stralsund‹, Baujahr 1890, pendelte bis 1901 zwischen Altefähr (Rügen) und Stralsund, dann zwischen Swinemünde und den Inseln Usedom und Wollin sowie während der DDR-Zeit über den Peenestrom von Wolgast nach Wolgast-Fähre (Juni–Aug. Di.–Fr. 10.00–18.00, Sa. und So. 10.00–16.00, sonst bis 17.00 bzw. 14.00 Uhr).

Umgebung: Stählerne Löwen thronen auf langen Stangen in der weiten, flachen Landschaft. Ein haushohes, dürres Gefährt steht wie falsch geparkt mitten auf einer Wiese. Auf dem rund 14 ha weiten Wiesengelände zwischen **Katzow** (6 km westl.) und **Pritzier** haben sich an die 60 skurrile, bis zu 14 m hohe Stahl-, Holz- und Steinskulpturen versammelt. Der Park versteht sich als ›Kunstort mit Tür und Fenster in die Landschaft Vorpommerns‹. Zu den alljährlichen Bildhauerworkshops kommen Künstler aus aller Welt.

ⓘ Stadtinformation, Rathausplatz 10, 17438 Wolgast, Tel. 03836/251215, Fax 03836/600118, www.wolgast.de

TIPP

Segel hissen auf der ›Greif‹

Echte Seglerromantik gibt es auf dem ehem. Segelschulschiff der DDR-Marine, der zweimastigen Schonerbrigg ›Greif‹. Ein gemeinnütziger Verein bietet auf dem 41 m langen, 1951 in Dienst gestellten Schiff Törns an der Küste und über die Ostsee nach Dänemark, Schweden und in die baltischen Länder an. Die Gäste sind Teil der Besatzung und packen mit an. So lernt man an Bord eine Menge über die Seefahrt und Seemannschaft (Termine und Preise bei See- und Tauchsportzentrum Greifswald, Yachtweg 3, 17493 Greifswald, Tel./Fax 03834/841424, www.sssgreif.de).

Inseln der Gegensätze

Deutschlands größte Insel bietet Landschaft in vielen Variationen: Halbinseln, Nehrungen, Buchten, Bodden, Wälder, Sümpfe, weite Felder im Westen und die einmaligen Kreidefelsen im Nordosten. Eine Rügener Sage berichtet, dass der Herrgott am letzten Schöpfungstag auf Bornholm gestanden habe und nach Süden blickte. Dort fehlte ihm noch etwas. So kratzte der Schöpfer mit der Maurerkelle einen letzten Rest Erde zusammen und warf ihn übers Meer. Der Erdklumpen landete vor der pommerschen Küste.

Die beeindruckende Kreideküste Rügens – auf der Rückfahrt vom Königsstuhl.

▲ Aus mondänen Zeiten stammt das Binzer Kurhaus

▲ Binzer Möwen laden auch zur Einkehr

▼ In Binz können Kinder ideal plantschen

▼ Volleyball am Beach

▲ Weiß: Bäderarchitektur ▼ Meisterwerke im Binzer Fälschermuseum

Naturwissenschaftler erklären die Entstehung Rügens mit der letzten Eiszeit und der beständigen Arbeit von Wind und Wellen an den Küsten. Gletscherzungen formten die Bodden und die wellige Landschaft der Insel. Die Meeresströmungen tragen Land ab und spülen es an anderer Stelle wieder an. Die Menschen lassen der Natur auf Rügen mehr Freiheit als anderswo. Viele Gebiete standen schon vor dem Zweiten Weltkrieg unter Naturschutz. Weite Teile der Insel sind als Nationalpark oder Biosphärenreservat ausgewiesen.

Vor allem Eleganz

Repräsentativ sollte sie schon sein, die sommerliche Urlaubsumgebung, doch schätzte man es auf Rügen etwas dezenter als in den ›Kaiserbädern‹ des benachbarten Usedom, wo man stolz darauf war, den Monarchen samt seiner wenig zurückhaltenden Entourage zu beherbergen. Dennoch, still ist es auch in Binz nicht. So können sich auch diejenigen hier am rechten Platz fühlen, denen Ferien ohne Bistros, Bars und Diskos kaum vorstellbar sind.

Hochherrschaftlich hatte es begonnen. 1870 ernannte der Putbuser Fürst Malte das Fischernest Binz zum Seebad. Damit setzte er das Startzeichen zu einem ungeahnten Aufschwung. Sechs Jahre später entstanden die ersten Hotels. Einem Schloss gleich thront das Kurhaus an der Promenade. Und noch immer wird gebaut. Und fünf Sterne sollten es schon sein. Aber es gibt sie immer noch, die Binzer Fischer – auch wenn der herrlich weiße Strand mit seinen gut gebauten Beachvolleyballern unter strahlend blauem Himmel etwas anderes auszusagen scheint.

Eher Kulisse als Residenz

Der mondäne Badeort, zu dem Binz so schnell wurde, sollte eigentlich an anderer Stelle entstehen. 1810 begann die Karriere einer Stadt, die sich später wegen ihrer weißen klassizistischen Bauten ›Weiße Stadt‹ nennen sollte. Der weit gereiste Fürst Wilhelm Malte I. zu Putbus legte 1816 den Grundstein für seine neue Residenzstadt. Mediterranen Baustil, englische Landschaftsgestaltung und die Annehm-

▲ Hinter Seebrücken und Stränden ist Rügen eine grüne Insel – auch beim Ostseebad Sellin

▼ Ziel für Kaffee und Kuchen: Sellins Seebrücke

▲ Hochzeitskulisse Seebrücke

▲ Weiß ist die Farbe der Seebäder: Sellin

▼ Rügen gilt als sonnenverwöhnte Insel

lichkeiten eben eines Seebades sollte sie vereinen. Zentrum war der kreisrund zwischen klassizistischen Bauten angelegte ›Circus‹. Das Volk dafür, vor allem Handwerker, suchte der Fürst später.

SPECIAL

Die Bäderarchitektur

Hier ein Erkerchen, dort eine Säule, verschnörkelte Balkongitter und verzierte Dreiecksgiebel. Die Schönen und Reichen der feinen Berliner Gesellschaft mischten um die vorletzte Jahrhundertwende an der Ostsee ihren ganz eigenen Stil: ein fröhlicher Mix aus Neoklassizismus, Neorenaissance, frühem Jugendstil und manch anderem. Nachdem die Ärzte das Baden im Meer und die frische Seeluft als gesundheitsfördernd empfahlen, packten die Herrschaften in Berlin, Hamburg und anderen Großstädten ihre Koffer und fuhren in die Sommerfrische an die See. Natürlich mochte man dort auf den gewohnten Komfort nicht verzichten, und so entstanden luxuriöse Hotels, Pensionen und Ferienhäuser. Die fünf Milliarden Goldfrancs, von Frankreich nach dem verlorenen Krieg 1870/1871 dem frisch gegründeten Deutschen Reich als ›Reparation‹ bezahlt, flossen zum Großteil in die Industrialisierung und in die Bauwirtschaft. Um 1880 erreichte der Bauboom der ›Gründerzeit‹ die Küste. Braun werden mochte die feine Gesellschaft dort allerdings nicht. Nur ›gemeines Volk‹ bekam Farbe bei körperlicher Arbeit. Aber sehen und gesehen werden wollte man doch. Darum ließen sich die Sommerfrischler Häuser mit offenen Loggien, Erkern, Veranden und Balkonen bauen, auf Usedom, an Rügens Ostküste, in Kühlungsborn. Für die nunmehr ›Wellness‹ Suchenden ist alles frisch restauriert.

Die Achse vom Putbuser Badehaus führte direkt zum 1830 grundlegend umgebauten und in den 1960ern gesprengten Schloss. Die heutige Schlosskirche war 1846 noch als Kursalon konzipiert. Ihr gegenüber hatte der Fürst 1819 bis 1821 das einzige und klassizistische Theater auf Rügen bauen lassen. Doch war seinen hochfliegenden Plänen kein Erfolg beschieden – das Meer war einfach zu weit entfernt für ein Seebad.

▲ Jedes Jahr wieder: Störtebekers Abenteuer konzentrieren sich auf Ralswiek

▼ Ein schöner Anblick: Sassnitz von See aus

▼ Bitte keine Angst vor engen Räumen: Besuch auf dem Sassnitzer U-Boot ›Otus‹

▲ Am Kap Arkona

▼ Die ganze Welt auf Rügen: Zum Rügenpark gehört auch Sachsens Moritzburg

Monumentaler Freudenspender

Prora heißt der leicht geschwungene Landstreifen nördlich von Binz, Prorer Wiek die Bucht. Hier liegt einer von Rügens schönsten Stränden. Und hier wurde Sommerfrische in ganz anderen Dimensionen geplant, als sie sich Fürst Malte je hätte träumen lassen. ›Kraft durch Freude‹ eines Strandurlaubs sollten die arbeitenden Massen schöpfen – so jedenfalls hatte es die Nachfolgeorganisation der von den Nationalsozialisten gleich geschalteten Gewerkschaften entworfen. Was als straff durchorganisierter Aufenthalt für gleichzeitig 20000 Urlauber vorgesehen war, strahlt heute ein wenig bunte Anarchie aus: Museen, Kneipen, Cafés, mehr oder minder skurrile Andenkenläden, das Atelier eines Bärchenmalers, eine Ausstellung zur Geschichte der DDR-Volksarmee und eine zur Alltagsgeschichte im Osten verlieren sich in der gigantischen Architektur, die sich kilometerweit am Strand hinzieht.

SPECIAL

Hühnergötter & Donnerkeile

Die Ostsee spült sie immer wieder an den Strand: Hühnergötter und Donnerkeile. Steine mit einem Loch nennen die Küstenbewohner Hühnergötter. Sie bringen die Hühner angeblich dazu, mehr Eier zu legen – also legt man sie ihnen ins Nest. Das Loch entsteht, wenn das Meerwasser die weicheren Bestandteile des Steins auswäscht. Donnerkeile werden die 50 bis 70 Millionen Jahre alten, eiszapfenförmigen (Feuer-)Steine genannt, die man ebenfalls am Strand findet. Der germanische Gott Donnar soll damit in Gewittern um sich geworfen haben. Heute verkaufen viele Andenkenläden Donnerkeile und Hühnergötter als Glücksbringer.

Auf dem Weg zu den Kreidefelsen

Der DDR-Fähr- und Fischereistandort ließ vom ›Capri des Nordens‹, das die Reisenden des 18. Jahrhunderts so begeisterte, nicht viel übrig. Und so muss sich Sassnitz erst wieder an seine neue, alte Rolle als Erholungsort gewöhnen. Immerhin ist die Fischereiwirtschaft geblieben. Die ›Neue Rügenfisch‹ verarbeitet vor allem Heringsfilets, die sich mittlerweile einen anerkannten Platz in den Regalen sichern konnten.

▲ *Bei Granitz: Land der kopfsteingepflasterten Alleen*

▲ *Verwirklichter Jugendtraum: auf der Lok des ›Rasenden Rolands‹*

▲ *Traditionell mit Handbetrieb: Fähre von Moritzdorf bei Baabe*

▼ *In der Götemitzer Töpferei*

▲ Klassizismus pur: Rathaus von Putbus ▼ Für Schwindelfreie: Treppe im Turm von Granitz

Im Stadthafen müssen sich die alten Fischarbeiter noch an die Sportsegler mit ihren weißen Jachten gewöhnen. Neuerdings gehen sogar Traumschiffe wie die ›Europa‹ vor Sassnitz statt vor Binz auf Reede, oder die ›Aida Cara‹ schickt 50 Aktive mit Mountainbikes statt mit Bussen über die Insel. Immerhin gilt das Eiland weitab der Metropolen sogar den nervösen US-Touristen als sicher.

Die seeseitige Stadtansicht mit den weißen Häusern am Hang ist für viele wieder der Auftakt zur größten Sehenswürdigkeit der Insel, den viel umschwärmten weißen Kreidefelsen vor grünen Wäldern und blauem Meer, die, landseitig erklommen, so faszinierende Ausblicke auf die Ostsee bieten.

Die wandernde Insel

Hiddensee ist eigen. Streng achten die umweltbewussten Insulaner darauf, dass ihre Insel autofrei bleibt. Sogar Elektrofahrzeuge oder Fahrräder mit Hilfsmotoren sind verboten. Nur Pferdekutschen sollen auf Hiddensee fahren, um die Gäste vom Fähranleger in Neuendorf nach Vitte zu bringen. Auf der anderen Seite – an Hiddensees Nordende – holt sich die Ostsee Jahr für Jahr Land, das sie im Süden wieder anspült. Und würden nicht Baggerschiffe den Schaproder Bodden immer wieder künstlich freihalten, wäre das kleine Inselchen schon längst mit Rügen zusammengewachsen. Verschwimmen hier die Grenzen zwischen Natur- und Küstenschutz?

Doch Hiddenseer wackeln nicht. Und so ist man widerspruchslos mit zwei PS nach Norden unterwegs, gegen den frischen Wind nur durch passende Kleidung und vielleicht den einen oder anderen Sanddornlikör gewappnet.

Die Insel der Künstler

In Kloster, dem nördlichsten Ort Hiddensees, beginnt jede Wanderung zum Dornbusch. Dort ist es im Frühjahr am schönsten, wenn der Ginster blüht. Die Wetterstation auf dem Dornbusch liefert dem NDR Wort und Bild zum regionalen Klima. Meist predigt Stefan Kreibohm das Wetter am Leuchtturm und Pastor Manfred Domrös das Evangelium in der

▲ Beliebtes Wanderziel: der Hiddenseer Leuchtturm Dornbusch

▲ Im Hintergrund Rügen: Blick vom Leuchtturm

▼ Taxi nach Hiddenseer Art

▼ Lebensfreude am Strand von Vitte

▲ *Marina Vitte: Die Boddengewässer sind eine Herausforderung für Segler*

Kirche. Seit 17 Jahren betreut der Theologe die protestantische Inselgemeinde. Touristen erzählt er gern aus seinem Inselleben. An Zuhörerschaft wird es nicht fehlen. Zu den Urlaubern, die in den 4000 Gästebetten der Insel übernachten, kommen täglich rund 3000 Tagesbesucher. So viele kamen früher das ganze Jahr auf die kleine Insel. So stauen sich heute oft die Fahrräder auf den Wegen wie andernorts die Autos.

SPECIAL

Lichterkette am Meer

Eine Girlande blinkender Lichter hält an der Ostsee die Erinnerung an die Seefahrerromantik vergangener Zeiten wach. Bis 1829 entstand auf Rügens Kap Arkona nach Baumeister Schinkels Plänen der älteste noch erhaltene Meereswegweiser an der deutschen Ostsee. 1848/1849 folgte der Leuchtturm am Darßer Ort, 1855 der bis dato mit 35 Metern höchste im Lande auf der Greifswalder Oie. Noch höher in den Himmel ragt das Leuchtfeuer Dornbusch auf Hiddensee. Das Türmchen selbst misst zwar nur 28 Meter. Da es auf einem Hügel steht, blinkt sein Lichtstrahl aus fast 100 Metern Höhe über dem Meeresspiegel bis zu 24 Seemeilen weit hinaus auf die Ostsee. Das neueste Glied in der Lichterkette ist der 11 Meter hohe rot-weiße Metallturm an der Mündung der Uecker ins Stettiner Haff. Seit 2000 weist er den Schiffen den Weg in Deutschlands östlichsten Hafen.

In Kloster ruht Gerhart Hauptmann unter einem riesigen Findling mit dem Alten Testament in der Hand. Thomas Mann, wie Hauptmann Wahl-Hiddenseer, konnte ihn nicht wirklich leiden. ›Eine Insel verträgt keine zwei Könige‹, soll er einmal gesagt haben. Doch die Hiddenseer liebten ihren Hauptmann. Sein Haus ist als Museum erhalten – originalgetreu bis zum Weinkeller und den Notizen auf der Schlafzimmerwand. Und auch heute weilen Schauspieler, Dichter und Denker wie Günter Grass lieber auf Hiddensee als auf Rügen. Denn hier bleiben sie oft unbemerkt – solange sie sich nicht selbst zu Wort melden.

Maßstab 1:300.000
0
5 km
Kap Arkona
Varnkevitz
Putgarten
Nonnevitz
Fernlüttkevitz
Matchow
Gramtitz
Lancken
Starrvitz
Dranske
Altenkirchen
Tromper
Wiek
Drewoldke
Juliusruh
Wieker Bodden
Breege
Bohlendorf
Bischofsdorf
Schmantevitz
Breeger Bodden
Schaabe
Dornbusch
Hünengräber
Kloster
Grieben
Libben
Nationalpark
Vitte
Insel
Bug
Rassower Strom
Wittower Fähre
Vieregge
Lebbin
Hochilgor
Breetzer Bodden
Neuenkirchen
Laase
Großer
Jasmunder
Bodden
Glowe
Schloss Spyker
Ruschvitz
Nardevitz
Lohme
Gr. Stubbenkammer
Königsstuhl
Kl. Stubbenkammer
Nipmerow
Hagen
Baldereck
Bobbin
Polchow
Jasmund
Neddesitz
Rusewase
Sagard
Sassnitz
Dubnitz
Neu Mukran
Hiddensee
Neuendorf
Retelitz
Granskevitz
Trent
Libnitz
Neuendorf
Tetzitzer See
Tribbevitz
Rappin
Vorpommersche
Boddenlandschaft
Schaprode
Öhe
Udarser Wiek
Hünengräber
Venz
Schweikvitz
Silenz
Kluis
Gagern
Kartzitz
Gnies
Ralswiek
Lietzow
Kleiner Jasmunder Bodden
Schmale Heide
Eisenbahn- und Technik-Museum
Prora
Prorer Wiek
OSTSEE
Haide
Ummanz
Dorfkirche
Waase
Gellen
Gingst
Patzig
Thesenvitz
Parchtitz
Jarnitz
Stedar
Pulitz
Buschvitz
Bock
Freesenort
Wusse
Pansevitz
Boldevitz
Rügen
Bergen auf Rügen
Rugard
Marienkirche
Streu
Lubkow
Erlebnisbad
Binz
Granitz
Jagdschloss Granitz
Sellin
Pramort
Barhöft
Wendisch Langendorf
Heuwiese
Lieschow
Groß Kubitz
Steinshof
Muglitz
Neuendorf
Platvitz
Karow
Zirkow
Schmachter See
Klausdorf
Kubitzer
Bodden
Liebitz
Unrow
Landow
Dreschvitz
Groß Kubbelkow
Tilzow
Neklade
Dolgemost
Serams
Lancken-Granitz
Baabe
Göhren
Bisdorf
Hohendorf
Groß Mohrdorf
Güttin
Sehlen
Mölln-Medow
Vilmnitz
Lauterbach
Putbus
Schlosspark
Deutsche Alleenstr.
Biosphärenreservat
Seedorf
Middelhagen
Muuks
Prohn
Parow
Kramerhof
Breesen
Rambin
Grabitz
Rothenkirchen
Negast
Samtens
Karnitz
Ketelshagen
Kasnevitz
Neu Reddevitz
Vilm
Neukamp
Redewitz
Lobbe
Südost-
Rügen
Gager
Groß Zicker
Klein Zicker
Thiessow
Südperd
Altenpleen
Preetz
Neuenpleen
Buschenhagen
Schmedshagen
Barnkevitz
Scharpitz
Altefähr
Jarkvitz
Götemitz
Frankenthal
Fusch-Bge
Berglase
Krakvitz
Garz/Rügen
Groß Stubben
Deutsche Alleenstraße
Lassentin
Zansebuhr
Krönnevitz
STRALSUND
Freizeitpark HanseDom
Rathaus
Museum
Nikolaikirche
Marienkirche
Niepars
Pantelitz
Martensdorf
Langendorf
Drigge
Hünengräber
Benz
Gustow
Poseritz
Wulfsberg
Dumsevitz
Silmenitz
Rügischer Bodden
Sissow
Prosnitz
Venzvitz
Swantow
Mellnitz
Groß Schoritz
Glutzow
Siedlung
Zudar
Zicker
Poppelvitz
Grabow
Palmer Ort
Pütte
Zimkendorf
Lüssow
Neu Lüdershagen
Borgwallsee
Devin
Neuhof
Niederhof
Losentitz
Glewitz
Stahlbrode
Oberhinrichshagen
Greifswalder
Bodden
Greifswalder Oie
Ruden
Negast
Wendorf
Zarrendorf
Brandshagen
Nienhagen
Steinhagen
Krummenhagen
Ahrendsee
Reinberg
Falkenhagen
Berthke
Grün Kordshagen
Elmenhorst
Bookhagen
Windebrak
Behnkendorf
Hanse-Route
Miltzow
Deutsche Alleenstraße
Abtshagen
Hildebrandshagen
Reinkenhagen
Insel Riems
Riemserort
Koos
Jeeser
Gristow
Insel Koos
Kirchdorf
Struck
Spandowerhagener Wiek
Historisch-technisches Informationszentrum der Raumfahrt (Raketenb.)
Eichholz
Sievertshagen
Wittenhagen
Wilmshagen
Mannhagen
Karrendorf
Spandowerhagen
Peenemünde
Glashagen
Ungnade
Stoltenhagen
Karls-B.
Jager
Mesekenhagen
Lubmin
Freest
Buchholz
Papenhagen
Bremerhagen
Horst
Koser B.
Wampen
Gahlkow
Vierow
Hoher B.
Nonnendorf
Kröslin
Cämmerer See
Karlshagen
Rolofshagen
Schönenwalde
Hohenwarth
Willerswalde
Klein Kieshof
Wusterhusen
Hohenbarnekow
Bartmannshagen
Groß Petershagen
Neuenkirchen
Loissin
Spliestdorf
Holthof
Wüst Eldena
Brünzow
Voddow
Grimmen
Marien-Kirche
Rathaus
Kaschow
Prützmannshagen
Willershusen
Jarmshagen
Steffenshagen
Wackerow
Marienkirche
Wieck
Klosterruine
Ludwigsburg
Pritzwald
Rubenow
Naturpark
Vorland
Grellenberg
Quitzin
Ryck
Dom St. Nikolai
Eldena
Stilow
Gustebin
Mölschow
Bassin
Grimmen-West
Grimmen Ost
Neuendorf
Levenhagen
Boltenhagen
GREIFSWALD
Neuendorf
Ziese
Groß Ernsthof
Zecherin
Jessin
Heilgeisthof
Friedrichshagen
Kemnitz
Rappenhagen
Lodmannshagen
Wolgast
Tierpark
Kirch Baggendorf
Kreutzmannshagen
Greifswald
Grebenow
Hinrichshagen
Kemnitzerhagen
Neu Boltenhagen
Netzeband
St. Petri-Kirche
Leyerhof
Borgstedt
Klevenow
Stralsund
Wüsteney
Klein-Bisdorf
Alt Ungnade
Neu Ungnade
Helmshagen
Kühlenhagen
Schalense
Katzow
Wendisch Baggendorf
Dönnie
Boltenhagen
Kandelin
Groß-Friedrichsfelde
Weitenhagen
Diedrichshagen
Hanshagen
Jägerhof
Pritzier
Hohendorf
Sauzin
Ziemitz
Usedom
Krumminer Wiek
Brönkow
Poggendorf
Süderholz
Groß Zarnewanz
Subzow
Grubenhagen
Voigtsdorf
Strelow
Schmietkow
Alt Pansow
Dersekow
Sestelin
Wrangelsburg
Lühmannsdorf
Rakow
Klein Zastrow
Hanse-Route
Groß Kiesow
Gladrow
Brüssow
Buddenhagen
Hohensee
Peenestrom
Zarnekow
Bretwisch
Deutsche Alleenstraße
Pustow
Dargelin
Behrenhoff
Sanz
Kessin
Krebsow
Glewitz
Jahnkow
Nielitz
Treuen
Sassen
Groß Zastrow
Alt Negentin
Möckow
Zemitz
Wehrland
Zarnekla
Düvier
Gülzowshof
Schwinge
Müssow
Klein Kiesow
Stresow
Langenfelde
Roter Brückengraben
Vorbein
Passow
Görmin
Radlow
Zarnekow
Steinfurth
Wolgast
Medrow
Drosedow
Trissow
Goslow
Kammin
Dambeck
Thurow
Züssow
Annenhof
Toitz
Loitz
Trantow
Alt Jargenow
Schmoldow
Bandelin
Dargezin
Kölzin
Karlsburg
Schloss
Wahlendow
Pulow
Buggow
Pamitz
Laasan
Trelleborg 4h
Rønne (Bornholm) 3¾h
Sankt Petersburg
Klaipėda 18h

Infos

Vitte ist Hiddensees Inseltor, hinter dem Radfahrer Straßen und Wege beherrschen

Hiddensee ①

Künstler zogen sich im 19. Jh. gerne auf die damals stille Insel zurück. Heute drängen sich bei schönem Wetter Tausende von Tagesausflüglern auf dem ›söten Länneken‹ (dem süßen Ländchen). Verkehrsmittel sind Pferdekutschen und Fahrräder, die man in den größeren Orten mieten kann. Mit seinen 600 Einw. gilt **Vitte** als ›Inselhauptstadt‹. Hier kommen die meisten Fähren an, hier geht man einkaufen. In **Kloster** (300 Einw.) ballt sich die Kultur. 1296 gründeten Zisterzienser dort ein Kloster, das dem Ort seinen Namen gab. **Grieben**, kleinster Ort, gilt als die älteste Siedlung der Insel.

Anreise: Die meisten Fähren vom Haupthafen Vitte sowie Kloster und Neuendorf nach Stralsund und Rügen gehören der Reederei Hiddensee (Fährstraße 16, 18439 Stralsund, Tel. 0180/3212150, www. reederei-hiddensee.de).

Sehenswert: Die Inselkirche in **Kloster** mit ihrem Friedhof entstand im 15. Jh. Der **Leuchtturm Dornbusch** (1888) und die dortige Wetterstation sind zu besichtigen (Dez.–Okt. tgl. 10.00–16.00 Uhr).

Museen: Das **Heimatmuseum** erzählt die wechselvolle Inselgeschichte und die vom legendären Wikinger-Goldschatz (Kirchweg 1, Kloster; April–Okt. tgl. 10.00–16.00, sonst Sa. und So. 11.00–15.00 Uhr). **›Haus Seedorn‹** ist genau so erhalten, wie es Gerhart Hauptmann (1862–1946) 1943 verlassen hat (Kirchweg 13, www.gerhart-hauptmann-museen.de; Mai–Okt. tgl. 10.00–17.00, Nov., Dez., Febr.–April tgl. 11.00–16.00 Uhr).

Aktivitäten: Der Wanderweg am Süder-Leuchtfeuer (Urspr. 1306) vorbei an der Grenze des Schutzgebiets bietet Einblicke in das Vogelparadies im Inselsüden (rund 8 km). Grieben ist der beste Ausgangspunkt für Wanderungen auf die Halbinseln Alt- und Neubessin.

ⓘ Inselinformation, Norderende 162, 18565 Vitte, Tel. 038300/64226, Fax 038300/64225, www.seebad-insel-hiddensee.de

SPECIAL

Stichwort Hiddensee

Die zum Kreis Rügen gehörende Insel ist 16,8 km lang und 0,25–3,7 km breit. Sie bedeckt 19 km² und bietet 1100 Einw. ein Zuhause, die überwiegend vom Fremdenverkehr leben. Höchste Erhebung ist der Dornbusch im Norden (72 m), der einen bekannten Leuchtturm trägt. Den Südteil der Insel bildet der unter Naturschutz stehende ›Gellen‹, ein nicht zugängliches, bedeutendes Vogelschutzgebiet. Regelmäßige Fährverbindung besteht ab Schaprode auf Rügen.

Altenkirchen ②

Altenkirchen ist der größte Ort Wittows und liegt auf dem Weg zu Rügens Nordspitze, dem Kap Arkona.

Sehenswert: Eine der beiden ältesten **Kirchen** der Insel duckt sich hier in die Landschaft; ihr Taufstein wurde um 1240 aus gotländischem Kalkstein gefertigt. Auf dem Kirchhof erinnern alte Seemannsgräber an Wittows Seefahrer.

Umgebung: Mit der Arkonabahn oder dem Kremser (Pferdekutsche) kommt man vom großen Parkplatz bei Putgarten schnell zum **Kap Arkona**. Außerdem führen mehrere neu angelegte Wanderwege zum Kap (für Autos gesperrt). Der **Leuchtturm** (1828, 22,5 m) – errichtet nach Schinkel-Plänen – beherbergt ein beliebtes Hochzeitszimmer und ein Museum über u. a. ›Leuchtfeuer an der deutschen Ostseeküste‹ und ›Seenotrettung Gestern und Heute‹ (April–Okt. 10.00–17.00, sonst 12.00–16.00 Uhr). Am äußeren Nordzipfel Rügens ragen die über 6 m hohen Überreste einer slawischen **Tempelburg** empor, wegen der Bergungsarbeiten an der abbrechenden Küste jedoch nur von einer Plattform aus zu besichtigen. Im backsteinernen **Peilturm** hat der Schmuckdesigner Nils Peters sein Atelier eingerichtet; vom Dach des Peilturms bietet sich unter einer Glaskuppel eine weite Aussicht auf Rügens Norden.

Die benachbarten Orte **Breege** und **Juliusruh** sind heute zum Ostseebad vereint. Südl. Juliusruh beginnt auf der Landbrücke Schaabe einer der schönsten Strände Rügens mit schneeweißem Sand zwischen Meer und Bodden – unterteilt in ›Textil‹, ›FKK‹ und Hundestrand. Sehenswert sind die alten Kapitänshäuser. In **Wiek** (südw.) wurden einst Rüben und die im Norden Rügens abgebaute Kreide verladen; die Kreidebrücke über dem alten Hafen erinnert daran. Die Georgskirche mit ihrem barocken Altar entstand im 16. Jh. Als einzige Kleinbahnfähre Europas hat es die **Wittower Fähre** von 1912 auf die Liste der technischen Denkmale geschafft; sie verbindet das Rügener Kernland bei Vaschvitz mit der Südspitze des Windland genannten Wittow im Pendelverkehr von 6.00–21.00 Uhr.

Aktivität: Vom Kap Arkona lässt es sich gut nach Vitt **wandern**, dem idyllisch gelegenen Fischerdorf weiter südl.; in der Gaststätte kommt das Bier direkt aus der Wand.

ⓘ Verein Tourismus & Gewerbe, Max-Reimann-Straße 17, 18556 Altenkirchen, Tel./Fax 038391/12406

Sassnitz ③

Das erst 1957 mit Stadtrecht versehene Sassnitz war einst ein Seebad mit drei Seebrücken und Strand. Nun will Sassnitz wieder daran anknüpfen; Kreide und schlummernde Thermalquellen nähren diese Hoffnung. Das Warmbad ist jedoch nach Sanierung wieder Rathaus geworden. Zwischen den Fischkuttern im Sassnitzer Stadthafen liegen Jachten. An den Kais haben Kneipen, Restaurants und Geschäfte eröffnet.

Museen: Im Stadthafen liegt als Museumsschiff das englische **U-Boot ›Otus‹** der Oberon-Klasse (www.hms-otus.com; Sommer 10.00 bis 19.00, sonst bis 16.00 Uhr. Das **Fischerei- und Hafenmuseum** dokumentiert die Fischereigeschichte Rügens in den vergangenen 150 Jahren: am Kai der Museumskutter ›Havel‹ (www.hafenmuseum.de; April–Okt. tgl. 10.00 bis 18.00, sonst Di.–So. 10.00–17.00 Uhr).

Aktivitäten: Im Stadthafen starten **Schiffstouren** zum Kreidefelsen am Königsstuhl, zum Kap Arkona, rund um die Insel Rügen und zu den Seebädern (Reederei Lojewski, Tel. 038392/57854, www.reederei-lojewski.de; Reederei Ostsee-Tour, Tel. 038392/3150, www.reederei-ostsee-tour.de).

Umgebung: In den 1980er-Jahren baute die DDR mit sowjetischer Hilfe in **Mukran** einen großen Hafen mit Fährterminal; heute legen hier die Fähren nach Dänemark, Schweden und ins Baltikum ab (www.faehrhafen-sassnitz.de). Die St.-Michael-Kirche (um 1210) in **Sargard** (7 km westl.) beherbergt die zweitgrößte Barockorgel Rügens (1796). Am Rande des Tempelbergs steht in **Bobbin** die einzige Feldsteinkirche Rügens mit barocker Ausstattung (im Sommer Konzerte). Der Biobauer des Hofes Bobbin hat sich dem Erhalt

Der bekannteste Meeresblick auf der Insel Rügen ist der vom Königsstuhl

alter Obstsorten verschrieben, die er zu frischem Saft presst (Heidberg 19, www.hofbobbin. de). Das **Renaissanceschloss Spyker** (um 1650) ist heute Hotel; am Schlossberg gegenüber beobachten Naturliebhaber zur Kranichzeit im Herbst frühmorgens die Glücksvögel in Scharen.

TOP ZIEL Wahrzeichen der Insel Rügen ist der **Königsstuhl** mitten im Nationalpark Jasmund mit seinen Kreidefelsen, dem Meer, Rotbuchenwäldern, Wiesen und Mooren. 10 Mio. Euro investierten die Stadt Sassnitz und mehrere Naturschutzorganisationen wie der WWF in das Besucherzentrum; hier kann man einen Ausflug in die Eiszeit unternehmen, einen echten Eisberg, Fische, Nagetiere und Fossilien bestaunen (Nationalparkzentrum, Stubbenkammer 2, www.koenigsstuhl.com; Mitte März–Okt. tgl. 9.00–19.00, Juli und Aug. bis 22.00 Uhr, sonst kürzer; Busverkehr ab Sassnitz oder Parkplatz in Hagen).

In **Glowe** (18 km westl.) mit seinem neuen Hafen beginnt das lange Strandband auf dem schmalen Landstreifen Schaabe, der Jasmund mit Wittow verbindet.

ⓘ Tourist-Service, Bahnhofstraße 19 a und Strandpromenade 12, 18546 Sassnitz, Tel. 038392/6490, Fax 038392/64920, www.insassnitz.de

Bergen auf Rügen ④

Die zu DDR-Zeiten als politischer Mittelpunkt Rügens entwickelte Stadt Bergen (19 000 Einw.) ist Verwaltungszentrum geblieben: Banken, Versicherungen und Kreisverwaltung.

Sehenswert: Herausragend ist die spätromanische **Marienkirche** (12. und 15. Jh.) mit Wandmalereien aus dem 14. Jh. Die Uhr an der Westseite wurde bei einer Reparatur versehentlich in 61 Minuten unterteilt. Hinter der Kirche trifft der Besucher im Klosterhof auf ein gut bestücktes **Stadt- und Heimatmuseum** (Billrothstraße 20a, Mo.–Sa. 10.00 bis 16.30 Uhr). Nebenan befindet sich eine kleine Kunstgewerbe- und Rügenproduktemeile mit Kerzenmachern, Keramikern und Marmeladenherstellern. Der **Ernst-Moritz-Arndt-Turm** mit Glaskuppel (1877, 27 m) auf dem Rugard (nordöstl.) ist einer der historischen und schönen Aussichtspunkte (Mai bis Okt. 10.00–18.00 Uhr).

Aktivität: Auf der **Sommerrodelbahn** am Rugard geht es über 700 m durch sieben Steilkurven (im Sommer 10.00–20.00, im Winter 13.00 Uhr bis Dunkelheit).

Veranstaltungen: Auf der **Freilichtbühne** am Rugard gibt es vor allem im Sommer Konzerte und Festivals, zum Beispiel ›Rügen rockt‹.

Umgebung: Viele Pferde, rund 150 Darsteller und eine imposante Naturkulisse mit dem Neorenaissanceschloss **Ralswiek** (1894) im Rücken: Der Ort lebt von Juni bis Sept. von den **Störtebeker-Festspielen** (Regenschirme sind verboten, also Regenkleidung einpacken. Naturbühne Ralswiek, Am Bodden 100, 18528 Ralswiek, Tel. 03838/31100, www.stoertebeker.de).

ⓘ Stadtinformation, Markt 27, 18528 Bergen, Tel. 03838/811276, Fax 03838/811127, www.stadt-bergen-auf-ruegen.de

TIPP

Die kennt jeder ...

Wie sie mit den so typischen Rundungen der fünfziger Jahre im Hafen von Sassnitz liegt, könnte sie ›Blauwal‹ oder ›Seefuchs‹ heißen – der fischt aber für Archäologen nach Wracks. Die ›Havel‹ trägt die Baunummer 247. 1956 lief dieses nach seiner Länge ›26er‹ genannte Fischereischiff bei der Reparaturwerft Stralsund vom Stapel. Wie 50 weitere Kutter auch, die fortan das Rückgrat der DDR-Fischfangflotte bildeten. Typ Sassnitz – den kennt jeder Fischer. An Bord lädt Klaus-Peter Poppitz zu einem Ausflug in die Schifffahrtsgeschichte ein. ›Wir waren sieben Mann Stammbesatzung, und die achte Koje gehörte dem Lehrling‹, erklärt der Nautiker, Jahrgang 1940. ›Auf See haben wir keinen dieser Kutter verloren, obwohl es bis in den Kanal vor England ging. Einer sank im Strelasund, und die Nr. 280 wurde im Hafen Rostock in den Grund gefahren.‹ Alles sieht noch so aus, als hieße es gleich: ›Leinen los!‹ Maschinist Eichner verschwindet im Maschinenraum, und bald darauf pfeift es aus einem Rohr. Poppitz zieht einen Stöpsel aus einem Mundstück heraus und lauscht den Worten des Maschinisten durch das Rohrsystem. Bordkommunikation. ›Für die Seeleute damals war die ›Havel‹ eine enorme Errungenschaft‹, stimmt Poppitz auf den folgenden 20-minütigen Rundgang ein. ›Fünf bis sechs Tage reichte das Eis für den Fisch. Da wir Prozente am Ertrag bekamen, wollten wir die rund 50 t Fisch, die der Kutter fasst, auch nach Hause bringen. Also fischen, bis die ersten vor Müdigkeit umfielen. Dann war Schicht.‹ (Stadthafen Sassnitz, Tel. 038392/57846, www.hafenmuseum.de).

Binz ⑤

Rügens größtes Seebad entstand ab 1830 aus einem Fischernest (Urspr. 14. Jh.); um 1900 hatte es Sassnitz überflügelt. Das ehem. ›Bad der Werktätigen‹ wirbt mit einem breiten Sandstrand und 1872 Sonnenstunden pro Jahr.

Sehenswert: Das Hotel ›Kurhaus Binz‹ ist TOP ZIEL typisch für die **Bäderarchitektur**, für die der Ort bekannt ist. Der **Kurhaus-Saal** im war in der DDR berühmt für die legendären Partys der Kumpel des Uranbergbaus Wismut aus Sachsen (u. a. Galas, Varietee; Tel. 038393/665523, www.kurhaus-saal.de; Saalführungen Do. 15.00 Uhr).

Museum: Im **›Fälschermuseum‹** hängen die großen Meister – als meisterhafte Kopien (Margaretenstraße 20, www.galerie-jahreszeiten-binz.de; April–Okt. Di.–So. 10.00 bis 18.00 Uhr, sonst kürzer).

Umgebung: In den Gebäuden der ›neben dem Reichsparteitagsgelände in Nürnberg größten zusammenhängenden architektonischen Hinterlassenschaft des Dritten Reiches‹ **Prora** (nördl.) ist eine bunte Museumslandschaft entstanden. Im **Planet DDR** wird an den Alltag im ›Arbeiter- und Bauernstaat‹ erinnert. Physik und Technik zum Begreifen im Wortsinne bietet das **Museum zum Anfassen**. Das **Museum Prora** erzählt die Geschichte des Prora-Klotzes vom Nazi-Arbeitsdienst bis zur späteren militärischen Nutzung (alle Objektstraße 3, www.museum-prora.de; April bis Okt. tgl. 10.00–18.00 Uhr, sonst kürzer). Die **Galerie Vogel** zeigt nahezu 4000 Blätter Druckgrafik des 19. und 20. Jh. (Museumsmeile 8; April–Okt. Di.–So. 11.00–17.00, sonst 10.00–16.00 Uhr). Alles zum Stoff des Lebens zeigt das **Erlebnismuseum Wasserwelt** (Objektstraße 3; April–Okt. Di.–So. 11.00–17.00, sonst 10.00–16.00 Uhr). Das **Prora Tierreich** bietet Präparate heimischer

Tiere in ihrer natürlichen Umgebung (Objektstraße 8; April–Okt. tgl. 10.00–18.00 Uhr, sonst kürzer). Das **Eisenbahn- und Technikmuseum** zeigt u. a. 30 alte Loks (Am Bahnhof; April–Okt. tgl. 10.00–17.00 Uhr).
Das Neorenaissanceschloss **Granitz** (südl.; 1836–1846) ist Jagdmuseum; sein Turm (36 m) bietet einen guten Rundblick.
ⓘ Kurverwaltung, Haus des Gastes, Heinrich-Heine-Straße 7, 18609 Ostseebad Binz, Tel. 038393/148148, Fax 038393/148145, www.ostseebad-binz.de

Sellin 6

Die ganze Pracht des Seebads entfaltet sich in der Wilhelmstraße. Hier finden sich die feineren

Von der Bäderarchitektur geprägt: Binz

Läden. Die über 500 m lange, wieder errichtete Seebrücke ist die einzig rentable auf Rügen. An ihr machen heute Ausflugsschiffe fest.
Aktivität: Das ›**Inselparadies**‹ ist ein Erlebnisbad (Badstraße 1, www.inselparadies.de; tgl. 10.00–22.00 Uhr).
ⓘ Kurverwaltung, Warmbadstraße 4, 18586 Ostseebad Sellin, Tel. 038303/1611, Fax 038303/87205, www.sellin.de

Göhren 7

Der Badeort (seit 1878) mit Nord- und Südstrand gilt als das Tor zum Mönchsgut, einer idyllischen Halbinsel, einst Besitz der Zisterzienser von Eldena und heute weitgehend unter Naturschutz.
Museen: Zu den ›**Mönchsguter Museen**‹ gehören in Göhren Heimatmuseum (Strandstraße 1) und Museumshof (Strandstraße 4; beide Juli und Aug. tgl. 10.00–18.00 Uhr, sonst kürzer), Rookhus (Thiessower Straße 7; Mitte April–Mitte Okt. tgl. 14.00–17.00 Uhr) und Museumsschiff ›Luise‹ (Am Südstrand 1; Mitte April–Mitte Okt. tgl. 10.00–13.00/ 17.00 Uhr), das Schulmuseum in Middelhagen (südw.; Juli und Aug. tgl. 10.00 bis 18.00 Uhr, sonst kürzer), das Pfarrwitwenhaus in Groß Zicker auf der Halbinsel (Öffnungszeiten unter Tel. 038308/8248) und das Küstenfischermuseum in Baabe (nördl., Bollwerk-/Ecke Dorfstraße; tgl. 9.00–20.00 Uhr).
ⓘ Kurverwaltung, Poststraße 9, 18586 Ostseebad Göhren, Tel. 038308/66790, Fax 038308/667932, www.goehren-ruegen.de

Putbus 8

Ab 1808 wurde die Residenz planmäßig und spätklassizistisch angelegt – der verwirklichte Traum des Fürsten Wilhelm Malte zu Putbus (1783–1854) von Italien auf Rügen. Zentrum ist der runde Platz ›Circus‹.
Sehenswert: Der **Theaterbau** von 1826 ist eines der prägenden Bauwerke von Putbus; es bietet jährlich 160 Veranstaltungen (Markt 13, Tel. 038301/80830, www.theater-putbus.de). Im 1725 angelegten früheren **Schlosspark** befindet sich ein 8 ha großes Wildgehege. Das ehem. Affen- und Fasanenhaus (1830) beherbergt mehr als 400 Puppen, 35 Puppenstuben und Spielzeug und ein kleines Café (**Puppen- und Spielzeugmuseum**, Affenhaus; April bis Okt. tgl. 11.00–18.00, sonst bis 17.00 Uhr).
Aktivität: Vom Kleinbahnhof aus verkehren die Züge der Rügenschen Kleinbahn, ›**Rasender Roland**‹ genannt, auf schmaler 750 mm-Spur nach Binz und Göhren – Rest des einst weitläufigen Inselschienennetzes zum Transport von Rüben und Touristen (Rügensche Kleinbahn, Binzer Straße 12, 18581 Putbus, Tel. 038301/80112, www.rasender-roland.de).
Veranstaltung: Am letzten Aug.-Wochenende startet am Lauterbacher Hafen das **Vilmschwimmen** zur Insel Vilm; für die 2500 m werden 34 Min. gebraucht.
Umgebung: Lauterbach ist Hafen der ›Kulturhauptstadt Rügens‹; hier starten die Ausflugsschiffe zur Insel **Vilm**, deren 94 ha unter Naturschutz stehen (Fahrgastreederei Lenz, Am Hafen, 18581 Putbus, Tel. 038301/61896, www.fahrgastreederei-lenz. de). **Garz** (9 km westl.), älteste Inselstadt, einst slawischer Regierungssitz mit Burgwall erinnert mit einem Museum an Ernst Moritz Arndt. Arndt kam im nahen Groß Schoritz zur Welt, wo dem umstrittenen Literaten und Patrioten ein Ausstellungs- und ein Veranstaltungsraum gewidmet sind. Die Halbinsel **Zudar** weiter südl. zählt zu den Naturschönheiten der Insel.
ⓘ Putbus-Information, Orangerie, Alleestraße 35, 18581 Putbus, Tel. 038301/431, Fax 038301/60963, www.putbus.de, www.putbus-ruegen.de

Heute Museum: Pfarrwitwenhaus in Groß Zicker

SPECIAL

Stichwort Rügen

Die größte deutsche Insel bedeckt 926 km²; von Nord nach Süd sind es maximal 52 km, von Ost nach West 41 km. Die Küstenlänge beträgt 574 km. ›Hauptstadt‹ für die 71 000 Rüganer (auch für Hiddensee) ist Bergen in der Inselmitte, das ›Tor‹ Stralsund, wo der Rügendamm über den 2 km breiten Strelasund mit dem Festland verbindet. Wegen zahlreicher Meeresbuchten, Halbinseln und Landzungen wirkt Rügen äußerst zerrissen. Die Inselmitte ist hügelig und überwiegend von Landwirtschaft geprägt. Der Boden ist sehr fruchtbar, besonders auf Wittow, der Kornkammer der Insel. Außerdem gibt es größere Kohl-Anbaugebiete. Höchste Erhebung ist der Königsstuhl (119 m), der zum Meer fast senkrecht abfällt und eine unvergleichliche Aussicht gewährt. Im Febr. 2005 rutschte die berühmte Felsformation Wissower Klinken ins Meer.

Gingst 9

In diesem Ort (1232 genannt) endete 1774 zuerst die Leibeigenschaft der Bauern. Er war lange das handwerkliche Zentrum der Insel.
Sehenswert: Die **Jacobikirche**, eine der ältesten auf Rügen (13. und 14. Jh.), birgt eine Orgel (1790) des Stralsunder Orgelbauers Kindten.
Museum: Im **Rauchhaus** sind historische Handwerkerstuben zu sehen. Der Museumshof wird ab Mai zum Grünen Markt mit regionalen und ökologischen Produkten (Mai bis Sept. 10.00–17.00 Uhr, sonst kürzer).
Aktivität: Die Freizeitanlage **RügenPark** bietet u. a. die Insel im Kleinen (Mühlenstraße, www.ruegenpark.de; Mitte Juni–Mitte Sept. tgl. 10.00–19.00 Uhr, sonst kürzer).
Umgebung: Die im 15. Jh. erbaute Kirche von **Waase** auf Ummanz (7 km westl.) birgt u. a. einen Antwerpener Schnitzaltar von 1520.

Still das Land, Trubel am Strand

Noch stiller wird hier das Land. Die Jugend zieht der Arbeit in den Westen nach. Dafür besiedeln ›Pioniere‹ zurückgelassene Dörfer, bauen bunte Ferienhäuser in die weiten Felder. Im neuen Europa liegen Stettin und die Naturinsel Wolin zum Greifen nahe. Bis sich das herumgesprochen hat, bleiben die Genießer hier noch unter sich. An Usedoms Bäderküste, nur einen Steinwurf nah, drängen sich derweil die Sommerurlauber. Die Kaiserbäder melden: ausgebucht.

Die Seebrücke von Ahlbeck gehört zu den meistfotografierten Motiven im Osten.

▲ *Beachvolleyball ist auch in Ahlbeck das Urlaubsvergnügen*

▲ *Am Strand wird an ein altes Gewerbe erinnert: Ahlbecker Fischerboote*

▼ *In Heringsdorf steht die moderne Version einer Seebrücke*

▲ Sonne, Strand und Strandkorb – in Ahlbeck kein Problem

▼ Gemütlichkeit spiegelt dieses Einkehrangebot in Bansin

Mondän geht es zu zwischen den frisch restaurierten Bäderarchitekturvillen und -hotels der ›Drei Kaiserbäder‹. Unter diesem Titel haben sich Bansin, Heringsdorf und Ahlbeck zusammengeschlossen. Schließlich weilte hier einst Kaiser Wilhelm II. zur Kur. Kaiserlich sind in Heringsdorf heute vor allem die Preise. ›Außen der Charme der 1920er-Jahre, innen der Komfort von heute‹, wirbt ein großes Schild an einer Villa aus den goldenen Zeiten des Seebads. Aus den einstigen Ferienhäusern und Pensionen des Berliner (Geld-)Adels wurden luxuriöse Ferienwohnungen. Neubauten kopieren den Bäderarchitektur genannten Stilmix aus Neoklassizismus, Neorenaissance, frühem Jugendstil und vielen anderen Elementen. Alt und Neu sind kaum noch zu unterscheiden. Der Mensch geht hier nicht spazieren, er flaniert – in dem Bewusstsein, etwas exklusiver zu sein als anderswo.

Ein paar hundert Schritte von der Promenade entfernt, beginnt wieder die Normalität. Die kennt kaum jemand so gut wie Erhard Rusch. In Büchern und Artikeln hat er die Geschichte des Seebads beschrieben. Bis zum Ende der DDR leitete Rusch den Ferienbetrieb des Ost-Gewerkschaftsbundes FDGB in Heringsdorf. Usedom mit 31000 Einwohnern zählte damals 55000 Ferienbetten. ›Zu viel‹, urteilt Rusch. Heute seien die Usedomer auf die Gäste angewiesen. Kaum jemand klage über das sommerliche Gedränge an der Promenade und auf der edel gewordenen Friedenstraße. Rusch, einst Herr über 5000 Urlauber-Betten und stellvertretender Bürgermeister, widmet sich jetzt im Historischen Verein ganz der Geschichte. Bereits an 28 Häusern hat der Verein grüne Schilder angebracht, auf denen die Geschichte des Bauwerks und seiner Bewohner kurz erzählt wird.

1871 kauften die Brüder Delbrück das damals noch unbebaute Land um das Fischernest Heringsdorf. Ein Jahr zuvor hatte Albrecht Delbrück in Berlin die Deutsche Bank gegründet. Sie ließen eine Promenade anlegen, Badeanstalten bauen und Gaslaternen aufstellen. Schnell folgte die Berliner Schickeria jener Zeit ins ›Nizza der Ostsee‹. Später entstanden weitere Seebäder in Ahlbeck, Bansin, Zinnowitz und im bis heute wesentlich ruhigeren Karlshagen.

▲ Reetdach und bunte Türen – auch der Lieper Winkel zeigt alte Fischerarchitektur

▼ Koserow: Atelier von Otto Niemeyer-Holstein

▲ Pommersches Bettenmuseum ▼ In Niemeyer-Holsteins Garten

Ruheoasen vor der Tür

Wie einst drängen sich die Urlauber vor allem an der Küste. Im Achterland (Hinterland) genannten südlichen Teil der Insel sind die Einheimischen selbst im Sommer oft unter sich. Auch wenn die Ostseestrände voll sind, findet man an kleinen Badebuchten entlang dem Peenestrom und am Stettiner Haff immer noch ein ruhiges Plätzchen. Das Wasser ist meist wärmer als das offene Meer und fast salzfrei.

SPECIAL

Mondsüchtig

›Fortschritt ist das Ziel. Der Weg ist unsere Verantwortung.‹ Diese Sätze lässt das Historisch-technische Informationszentrum als Banner über seine Internetseite laufen. Mit 25 Jahren wurde Wernher von Braun 1937 Technischer Direktor der ›Heeresversuchsanstalt‹ Peenemünde. Weil ihm die Wehrmacht und später die SS Geld, Personal und Raum für seine Raketenforschung gaben, belieferte er die braunen Machthaber mit seinen Erkenntnissen über Raketenantriebe. Daraus entstanden die ›Vergeltungswaffen‹, mit denen im Zweiten Weltkrieg London und andere europäische Städte beschossen wurden. Zwangsarbeiter und KZ-Häftlinge bauten die Teile dafür in Konzentrationslagern wie dem ›Mittelbau Dora‹ bei Nordhausen. 1945 setzte sich von Braun mit einigen Kollegen zu den US-Amerikanern ab und sagte, er habe an Mondraketen gearbeitet und ›niemals eine Misshandlung gesehen‹. Die Befreier holten den Wissenschaftler, der nach den Sternen griff, in die USA. Sie brauchten sein Wissen im Kalten Krieg. Später wurde von Braun Chef der US-Weltraumbehörde NASA. 1969 endlich ging sein Traum in Erfüllung: Der erste Mensch landete auf dem Mond.

Das Haff, einst die Kloake der ostdeutschen und der polnischen Industrie, ist fast wieder sauber. Seeadler, Störche, Kormorane und andere einst verschwundene Tiere sind zurückgekehrt. Fast drei Viertel der in Deutschland lebenden Seeadler brüten in den stillen Wassern und Feuchtwiesen des Usedomer Hinterlands. 400 Kilometer Wander- und 120 Kilometer Radwege durchziehen die weitläufige Insel. Dank der letzten Eiszeit, deren Gletscher das Eiland

▲ Swinemünde ist ein beliebtes Ziel der Schiffsausflügler

▼ Auch Swinemünde zeigt die typische Bäderarchitektur

▲ Auch Polen genießt das Strandleben in allen seinen Ausprägungen

▲ Wer Ruhe sucht, ist hier falsch: ... ▼ ... am Strand von Misdroy

▼ Auf der Insel Wollin setzen sich die herrlichen Ostseestrände fort

geformt haben, ist das Wasser immer nah. 19 Seen und ungezählte Buchten gliedern die hügelige, waldreiche Landschaft. Wer ein paar Tage in den kleinen Dörfern entlang dem Stettiner Haff bleibt, kennt bald alle Einheimischen und fühlt sich als Teil eines Ganzen, das den Trubel der Welt weit hinter sich gelassen hat.

SPECIAL

Ein bisschen Ramba Zamba

Frischkäse aus der Milch der glücklichen Kühe, Basilikum, reichlich Knoblauch, getrocknete Tomaten und Kräuter der Provence. Ramba Zamba nennt Resi Scheumann ihr Werk. Zum Reinsetzen lecker. Zehn verschiedene Sorten Frischkäse kreiert sie aus der Biomilch ihrer Haustiere und den Kräutern aus dem eigenen Garten in der Nachbarschaft der Anklamer Fähre. Wer Glück hat, bekommt auch ein Stück von der Blaubeer- oder der Erdbeertorte. ›Ich arbeite gerne‹, bekennt die Bäuerin strahlend. Immer wieder probiert sie etwas Neues aus, immer wieder ein neuer kleiner Anfang. Feta-Käse zum Beispiel. Bis es richtig gut wird. Auch in der DDR hatte die Familie vier eigene Kühe. ›Wenn eine zum Schlachter musste, habe ich sie zu Fuß nach Anklam begleitet. Dann gab's schon mal Tränen.‹ Mit so viel Liebe schmeckt es besonders gut.

Handynetz aus Polen

Gegenüber, auf dem Festland im Uecker-Randow-Kreis, sagen sich Fuchs und Reiher Gute Nacht. Ueckermünde wacht nur im Sommer für ein paar Wochen auf. Dann bummeln einige Urlauber durch die restaurierte Altstadt und den Stadthafen am Flüsschen Uecker. An heißen Tagen braten sie am breiten, weißen Sandstrand des Strandbads am Haff in der Sonne. Doch selbst in der Urlaubszeit findet man in Ueckermünde und Umgebung mit etwas Glück eine Ferienwohnung für 15 Euro die Nacht.

Weiter östlich verlieren sich nur noch ein paar stille Dörfer in den ausgedehnten Wäldern der Ueckermünder Heide. Die deutschen Handynetze verstummen. In Rieth, Deutschlands letztem Dorf, melden die Mobiltelefone wieder ein schwaches Signal – das kommt aus Polen.

▲ Ukranenland bei Torgelow: liebliche Klänge vor altslawischer Kulisse, ...

▼ Lassan reizt zum Landgang

▼ ... Schmiedearbeiten wie vor 1000 Jahren

▼ Unterschiedlichste Flugapparate: Anklams Lilienthal-Museum

▲ Besprechung vor Anklams Marienkirche, einem typischen gotischen Backsteinbau

Wunderbares Pommernland

Der Wind singt in den Wanten der Segelboote. Draußen im Peenestrom haben die Fischer ihre Reusen ausgelegt. Die Sonne malt einen lila-rot-orange-blauen Abend in den weiten pommerschen Himmel. Lange Straße nennt sich die krumme, kopfsteingepflasterte Gasse, die wie ein starker Arm die eng aneinander gelehnten Häuschen von der Kirche bis hinunter zum Hafen umschließt. Wer langsam geht, schafft es, Lassan in zehn Minuten zu umrunden.

SPECIAL

Mittelalter zum Mitmachen

Arnold würde locker als Wikinger durchgehen oder als slawischer Jäger. Der Mann im Wandschrankformat mit den vollen dunklen Haaren und dem Vollbart überwintert da, wo andere einen sonnigen Sommertag verbringen. Seine Hütte entsteht aus Baumstämmen. Gedämmt wird mit Moos. Glas für die Fenster gibt es nicht. Um Bebauungspläne und Genehmigungen braucht sich Arnold nicht zu sorgen zwischen den anderen Block-, Flechtwand- und Pfostenständerhäusern. Von Ostern bis in den Herbst vermittelt das Freilichtmuseum Ukranenland den Alltag der einst in der Region ansässigen Slawen des 9. Jahrhunderts. Eine Schmiede gibt es im Dorf, einen Backofen, einen Bronzegießer und auf dem Flüsschen Uecker ein nachgebautes, rund zehn Meter langes Slawenschiff. Im Spätherbst wird es still im Ukranenland. Die Schulklassen sind abgereist, das Museum geschlossen. Arnold ist allein. Kein Strom, kein Handy, kein Fernseher. Wasser holt er sich aus dem Brunnen. Wenn es gefroren ist, taut er sich Eisbrocken über dem offenen Feuer auf. ›Hier zählt nur das Überleben‹, freut sich der 39-jährige. ›Ich wecke meine Urinstinkte. Natur macht süchtig.‹

Wer eilt, ist hier falsch. ›Am Peenestrom, am Peenestrom, da liegt ein Wrack aus Holz und Stein, seit fünfmal hundert gleichen Jahrn, die alte Stadt Lassan. Die Stadt liegt da auf Grund und träumt, und kommt nie los und wird nie flott, und möcht gern auf die Ostsee fahrn, die alte Stadt Lassan‹, sang Wolf Biermann über das Städtchen, das wie viele andere hier auf die Touristen wartet.

90
Maßstab 1:300.000
0
5 km
O S T S E E
Pommersche Bucht
Zatoka Pomorska
Stettiner Haff
Zalew
Szczeciński
Sellin
Baabe
Göhren
Lancken-Granitz
Preetz
Seedorf
Biosphärenres.
Südost-
Rügen
Middelhagen
Alt Reddevitz
Lobbe
Gager
Groß Zicker
Klein Zicker
Thiessow
Südperd
Greifswalder Oie
Ruden
Struck
Historisch-technisches Informationszentrum der Raumfahrt (Raketenbau)
Spandowerhagen
Peenemünde
Lubmin
Freest
Kröslin
Karlshagen
Trassenheide
Zinnowitz
Zempin
Streckels-B.
Koserow
Kölpinsee
Loddin
Ückeritz
Bannemin
Mölschow
Wolgast
St. Petri-Kirche
Krummin
Neuendorf
Gnitz
Lütow
Naturpark
Usedom
Achterwasser
Peenestrom
Sauzin
Ziemitz
Bansin
Heringsdorf
Ahlbeck
Świnoujście
Międzyzdroje
Wolin
Park
Narodowy
Pudagla
Bansin Dorf
Sellin
Benz
Balm
Neppermin
Mellenthin
Morgenitz
Reetzow
Labömitz
Korswandt
Ulrichshorst
Katschow
Kachlin
Görke
Zirchow
Kutzow
Dargen
Garz
Kamminke
Golm
Paprotno
Karsibór
Wielki Krzek
Łunowo
Przytór
Zalesie
Wicko
Wapnica
Lubin
Warthe
Lieper Winkel
Grüssow
Liepe
Rankwitz
Dewichow
Krienke
Suckow
Usedom
Stolpe auf Usedom
Gummlin
Usedomer See
Welzin
Gellenthin
Zecherin
Karnin
Wilhelmshof
Kaminer Brücke (Mittelteil)
Lassan
Klotzow
Pinnow
Murchin
Relzow
Anklam
Marienkirche
Hanse-Route
Görke
Butzow
Gnevezin
Bargischow
Kamp
Rosenhagen
Busow
Bugewitz
Leopoldshagen
Mönkebude
Grambin
Ueckermünde
Schloss
Tierpark Ueckermünde
Liepgarten
Bellin
Warsin
Vogelsang-Warsin
Altwarp
Siedlung Altwarp
Altwarper Binnendünen
Nowe Warpno
Podgrodzie
Karszno
Warnołęka
Neuwarper See
Jezioro Nowowarpieńskie
Luckow
Rieth
Hoppenwalde
Eggesin
Ahlbeck
Gegensee
Hintersee
Torgelow
Torgelow-Holländerei
Ueckermünder Heide
Ducherow
Neu Kosenow
Rossin
Friedland
Ferdinandshof
Blumenthal
Heinrichsruh
Wilhelmsburg
Jatznick
Rothemühl
Galenbeck
Heinrichswalde
Brohmer Berge
Puszcza Wkrzańska
Myślibórz Wielki
Dobieszczyn
Glashütte
Drogoradz
Karpin
Nowa Jasienica
Barnimowo
Brzózki
Karlsburg
Schloss
Wrangelsburg
Lühmannsdorf
Buddenhagen
Hohensee
Zarnekow
Steinfurth
Wahlendow
Pulow
Papendorf
Waschow
Wehrland
Zemitz
Buggow
Krenzow
Rubkow
Bömitz
Pamitz
Groß Bünzow
Klein Bünzow
Schlatkow
Daugzin
Ziethen
Menzlin
Groß Polzin
Salchow
Konsages
Wasserschloss Quilow
Buggenhagen
Jamitzow
Lentschow
Pinnow
Krummin
Hohendorf
Pritzier
Katzow
Netzeband
Schalense
Neu Boltenhagen
Kühlenhagen
Jägerhof
Lodmannshagen
Rappenhagen
Gustebin
Stilow
Pritzwald
Rubenow
Groß Ernsthof
Zecherin
Wusterhusen
Nonnendorf
Voddow
Brüssow
Tramstow
Blesewitz
Lüskow
Sanitz
Pelsin
Gellendin
Woserow
Auerose
Neuenkirchen
Alt Teterin
Müggenburg
Stretense
Dargibell
Panschow
Drewelow
Sarnow
Wusseken
Rathebur
Schwerinsburg
Schmuggerow
Wietstock
Putzar
Löwitz
Putzarer See
Glien
Boldekow
Zinzow
Borntin
Hellberg
Neuendorf A
Lübs
Heinrichshof
Annenhof
Altwigshagen
Demnitz
Louisenhof
Meiersberg
Sprengersfelde
Ascherleben
Schwichtenberg
Sandhagen
Klockow
Fleethof
Kotelow
Friedländer Große Wiese
Mariawerth
Lübbersdorf
Hohenstein
Friedrichshof
Brohm
Wittenborn
Rohrkrug
Gehren
Matzdorf
Neuensund
Charlottenhof
Galenbecker See
Hammer an der Uecker
Drögeheide
Spechtberg
Klein Gumnitz
Eggesiner Teerofen
Liepe
Marienthal
Borken
Piastowski Kanał
Stara Świna
Świna
Jezioro Wicko Wielkie
Gothensee
Wolgastsee
Schmollensee
Kölpinsee
Cämmerer See
Krummer Wiek
Peene-Südkanal
Landgraben
Lüssow

Infos

Usedom ist bekannt für seine Bäderarchitektur – hier die Strandpromenade in Ahlbeck

SPECIAL

Stichwort Usedom

Deutschlands nach Rügen zweitgrößte Insel zählt die meisten Sonnenstunden im Land (1906/Jahr). An zweiter Stelle liegt das Kap Arkona (1825), an dritter das Allgäu (1791). Von den 445 km² gehören seit 1945 rund 90 zu Polen, wo die Insel Uznam (Mündung) heißt. Dort leben rund 45 000 Menschen; der deutsche Teil hat rund 32 000 Einw. Wasser gibt es auf beiden Seiten reichlich: Die rund 40 km lange Außenküste mit ihren bis zu 60 m breiten, weißen, sandigen Ostseestränden und die zahlreichen Buchten am Peenestrom und am Stettiner Haff – zusammen 200 km Küste. Im Sommer wird es eng auf Usedom. 2004 zählten die Insel-Touristiker 7,5 Mio. Übernachtungen. 80 % der Gäste kommen mit dem eigenen Auto. Die stauen sich in den Orten und vor den Brücken, die auf die Insel führen.

Peenemünde 1

Bis 1936 entstand auf dem 20 km² großen Gelände der Heeresversuchsanstalt am Ortsrand von Peenemünde das damals größte Forschungszentrum der Welt. Bis zu 15 000 Menschen arbeiteten unter Leitung des späteren ›Raumfahrtpioniers‹ Wernher von Braun an Raketenversuchen. Am 3. Oktober 1942 schossen sie die erste Rakete mit vierfacher Schallgeschwindigkeit in den Himmel. Auf dem Gelände mit eigenen Wohnsiedlungen, Hafen, Kraftwerk und Flughafen ist in den letzten Jahren eine ganze Museumslandschaft entstanden.

Museen: Im ehem. Kraftwerk zeigt eine multimediale Ausstellung die technischen und wissenschaftlichen Anfänge der Raumfahrt (**Historisch-technisches Informationszentrum Peenemünde**, Im Kraftwerk, www.peenemuende.de; April–Sept. tgl. 9.00–18.00, sonst 10.00–16.00 Uhr). Mit den Händen Blitze werfen, einen 770 kg schweren ›Trabant‹ mit einer Hand in die Luft hebeln – Physik zum Anfassen und Ausprobieren bietet die ›**Phaenomenta**‹ (Museumsstraße 12, www.phaenomenta-peenemuende.de; Mitte März bis Okt. tgl. 10.00–18.00 Uhr). Bis unter die Decke sind die Regale voll mit Teddybären, Modellbahnen und anderen Spielsachen der letzten 200 Jahre (**Spielzeugmuseum Peenemünde**, Museumsstraße 14, Mai–Sept. tgl. 9.30–18.00 Uhr). Als 1998 das Geld für ein geplantes kulturhistorisches Dorf nicht reichte, war vieles übrig – Grundstock für das **Pommersche Bettenmuseum** mit Schlafplätzen, Kammern und Stuben aus drei Jahrhunderten (Am Flugplatz 2, www.peenemuende-info.com). Im Hafen liegt das ehem. sowjetische **U-Boot ›U461‹** der Juliett-Klasse (www.peenemuende-info.com; Juli–Mitte Sept. tgl. 9.00–21.00 Uhr, sonst kürzer).

Veranstaltung: Zu Pfingsten ist **Wikingerlager** mit Keramikherstellung, Bronzegießen, Teerschwelen, historischen Spielen etc.

Umgebung: Karlshagen und **Trassenheide** sind ruhiger als die berühmten Seebäder im Süden; direkt am Bahnhof Trassenheide liegt Europas größte Schmetterlingsfarm (Wiesenweg 5; tgl. 10.00–19.00 Uhr).

ⓘ Kurverwaltung, Hauptstraße 16, 17499 Ostseebad Karlshagen, Tel. 038371/20758, Fax 038371/28537, www.erholungsort-karlshagen.de

Zinnowitz 2

1851 erhielt der Ort als Erster auf Usedom die Genehmigung zum Badebetrieb. Musterbeispiele vornehmer Bäderarchitektur des 19. Jh. säumen die Strandpromenade, etwa das ›Hotel Preußenhof‹ oder das ›Zinnowitz Palace Hotel‹. Direkt gegenüber führt die Vineta-Seebrücke 315 m weit in die Ostsee hinaus.

Museum: In einer Bädervilla von 1886 wurde das **Usedomer Kunsthaus** eingerichtet (Malerei, Bildhauerei, Schmuck- und Keramikdesign der Region und Malkurse; Wilhelm-Potenberg-Straße 1, Tel. 038377/42234, www.usedomer-kunsthaus.de).

Veranstaltungen: Mehr als 50 Darsteller präsentieren mit eigens für die Festspiele choreografierten Tänzen und pyrotechnischen Effekten die **Vinetafestspiele** (Tel. 038377/40936, www.vineta-festspiele.de; Juni–Sept. Di., Do. und Sa. auf der Ostseebühne).

Umgebung: Die längste **Lindenallee** Vorpommerns, seit 1990 unter Naturschutz, führt in das kleine Dorf Krummin (8 km westl.). Das Riff im Meer vor **Koserow** soll das sagenhafte Ostsee-Atlantis Vineta unter sich begraben haben ... Der Maler **Otto Niemeyer-Holstein** (1896–1984) schuf sich hier in den 1930er-Jahren ein Rückzugsort mit seltenen Pflanzen – heute Museum, in dem Führung, Konzerte, Lesungen, Vorträge und Malkurse angeboten werden (südöstl.; Lüttenort bei Koserow, www.atelier-otto-niemeyer-holstein.de; Mitte April– Mitte Okt. tgl. 10.00–18.00 Uhr, sonst Mi., Do., Sa. und So. 10.00–16.00 Uhr).

ⓘ Kurverwaltung, Neue Strandstraße 30, 17454 Zinnowitz, Tel. 038377/4920, Fax 038377/42229, www.zinnowitz.de

Drei Kaiserbäder 3

Bansin, Heringsdorf und Ahlbeck vermarkten sich gemeinsam unter dem Titel ›Drei Kaiserbäder‹. Eine durchgehende Strandpromenade verbindet die drei Orte über mehr als 8 km. Das 1852 zum Badeort erkorene **Ahlbeck** besitzt die älteste noch erhaltene Seebrücke an der deutschen

TIPP

Strandkörbe aus Heringsdorf

Augenmaß braucht Peter Beyer und Ausdauer. 1962 fing er als Lehrling im VEB Rohrmöbel in Heringsdorf an. Bis heute flechtet er Strandkörbe. Das Material hat sich geändert, das Handwerk kaum. ›Korbmacher ist eine der ältesten Handwerkskünste.‹ 1925 gründete die Familie Harder die Erste Pommersche Strandkorbfabrik in Wolgast. In der DDR enteignet, bekam sie den Betrieb 1990 zurück. Seitdem werden die Strandkörbe wie einst von Hand geflochten. Es gibt Hundestrandkörbe und ganze Imbissbuden in Strandkorbform. Einige davon stehen in Heringsdorf an der Promenade. Und woran erkennt man einen guten Strandkorb? ›Achten Sie auf das Material, astfreies, glattes Holz und keine sichtbaren Leimreste. Das Geflecht sollte fest sein und keine großen Löcher auf der Seite aufweisen. Der Stoff muss glatt gezogen sein.‹ Do. gibt es eine Betriebsführung in der Korb GmbH (Waldbühnenweg 3, 17424 Seebad Heringsdorf, Tel. 038378/465050, www.korbgmbh.de).

Ostseeküste. 1897 wurde das von drei kleinen Seen umgebene Fischerdorf **Bansin** als letztes und kleinstes der ›Kaiserbäder‹ in den Adelsstand eines Seebads erhoben. Aus Bansin stammt der Schriftsteller Hans-Werner Richter (1908–1993, Mitgründer der ›Gruppe 47‹; ›Geschichten aus Bansin‹). **Heringsdorf**, 1879 zum Seebad ernannt und mit rund 3500 Einw. größtes ›Kaiserbad‹, nennt sich gerne ›Nizza der Ostsee‹; mondän geht es zwischen den klassizistischen Villen zu, fast wie einst an der Promenade des Anglais am Mittelmeer.

TIPP

Pommernland in Töpferhand

Fast vergessen war die Tradition der pommerschen Töpfer, die ihre ›Stettiner Ware‹ in Norddeutschland und Skandinavien verkauften. Die Töpfermeisterin Daniela Schulz stieß in Dänemark auf die Krüge und Schalen aus Pommern. Sie interviewte Volkskundler, fragte sich in Museen durch – inzwischen verschickt sie ihre filigran blau und grün bemalten, weiß glasierten Henkeltöpfe, Kerzenständer, Teekannen, Schalen, Teller und Tassen in ganz Deutschland. In der Pommerschen Keramikmanufaktur kann man beim Drehen und Bemalen des spülmaschinen- und mikrowellenfesten pommerschen Steinguts zusehen (An der B 110, 17390 Relzow nördl. Anklam, Tel. 03971/242830, www.pommersche-keramik.de; Mo.–Do. 7.00–16.00, Fr. bis 13.30 Uhr).

Sehenswert: Die Ahlbecker **Seebrücke** wurde bereits 1898 eingeweiht. Heringsdorf hat sich seine 508 m lange Flaniermeile über dem Meer 13,8 Mio. Euro kosten lassen – die längste Seebrücke des europäischen Kontinents.

Museen: Viele Größen der europäischen Weltliteratur machten in Heringsdorf Station – Tolstoi, Heinrich und Klaus Mann, Theodor Fontane und Maxim Gorki. An sie erinnert die **Villa Irmgard**; die Einrichtung der ehem. Pension ist im Original aus den 1920er-Jahren erhalten (Maxim-Gorki-Straße 13; Di. bis So. 10.00–16.00 Uhr). Das kleine **Museum am Schmiedehaus** des Historischen Vereins zeigt die Badegeschichte in Heringsdorf und Umgebung (Delbrücker Straße 30; im Sommer Do.–So. 15.00–18.00 Uhr). Bansins **Tropenhaus** zeigt als ›kleinster Zoo der Welt‹ 150 mehr oder minder exotische Tiere (Goethestraße 10, www.tropenhaus-bansin.de; April–Okt. tgl. 10.00–18.00, sonst bis 16.00 Uhr).

Landwirtschaftlich geprägt ist das Umland

Veranstaltungen: Die ›Kaiserbäder‹ bieten eine Vielzahl interessanter Veranstaltungen. Am 14. Febr. ist **Winterbaden** in Ahlbeck. Modenschauen bietet **Heringsdorf goes Fashion** (www.heringsdorf-goes-fashion.de; April und Okt.). Ein Wettbewerb der Gastronomen um das beste Heringsgericht sind die **Usedomer Heringswochen** im April. Zu Pfingsten das Heringsdorfer **Kleinkunstfestival**, am 2. Juni-Wochenende das **Jazzfestival** auf dem Bahnhof Heringsdorf (www.usedom-jazz.de). Ende August ist **Drachenfest** am Ahlbecker Strand, am letzten Aug.-Wochenende **Zinnowitzer Mittelalterspektakel**. Im Aug./Sept. finden die **Jazz- und Bluestage** im Musikpavillon Zinnowitz statt, am 1. Sept.-Sa. der **Usedom Marathon** (Swinemünde–Zinnowitz–Wolgast). Jazz und Klassik bietet das **Usedomer Musikfestival** (www.usedomer-musikfestival.de) im Sept. Der **Adventsmarkt** in Heringsdorf, die **Silvesterwanderungen** in den ›Kaiserbädern‹ und **Feuerwerke** auf den Seebrücken schließen das Jahr ab.

Aktivitäten: Das Ahlbecker Erlebnisbad **OstseeTherme Usedom** bietet Jodsole, Grottenrutsche, Sprudelbäder, Saunalandschaft etc. (Lindenstraße 60, www.ostseetherme-usedom.de; Mo., Di., Mi. und Sa. 10.00–21.00, Do. 11.00–21.00, Fr. 10.00–22.00, So. 10.00 bis 20.00 Uhr).

ⓘ Tourist-Information, Dünenstraße 45, 17419 Seebad Ahlbeck, Tel. 038378/24497, Fax 038378/24418, www.drei-kaiserbaeder.de

ⓘ Tourist-Information, An der Seebrücke, 17429 Seebad Bansin, Tel. 038378/47050, Fax 038378/470515, www.drei-kaiserbaeder.de

ⓘ Tourist-Information, Kulmstraße 33, 17424 Seebad Heringsdorf, Tel. 038378/2451, Fax 038378/2454, www.drei-kaiserbaeder.de

Swinoujście / Swinemünde 4

Uznam wird der östliche, polnische Teil der Insel Usedom mit der Stadt Swinemünde (45 000 Einw.) genannt. Die Stadtteile jenseits des Flusses Swina, der das Haff mit der Ostsee verbindet, liegen auf der Insel Wollin.

Sehenswert: Berühmt war Swinemünde schon vor dem Zweiten Weltkrieg für seinen feinsandigen **Strand.** Zwischen Seepromenade und Innenstadt mit ihrem Hafen breitet sich der von Gartenbaumeister Lenné im 19. Jh. angelegte riesige **Kurpark** aus. Der Swinemünder Altstadtkern ist weitgehend erhalten. Nach und nach werden die zahlreichen Bäderarchitektur-Villen im Kurviertel zwischen Kurpark und Strand saniert. Auf der Promenade zahlreiche kleine Lokale und Imbissstände. In Zelten und an Ständen verkaufen fliegende Händler Unmengen von Ramsch. Die kostenlose Pendelfähre ›Bielik‹ (Seeadler) verbindet die Innenstadt mit dem Bahnhof und den anderen Stadtteilen auf Wollin. Folgt man dem Fluss auf der Uznamer Seite, gelangt man zum Hafenamt aus preußischer Zeit und zu den beiden erhalten gebliebenen preußischen Forts aus dem 19. Jh.

Museum: Das **Fischereimuseum** zeigt Handwerkszeug der Fischer früherer Zeiten, Meereskundliches und nautische Instrumente (Pl. Rybaka 1 am Hafen, Di.–Fr. 9.00–17.00, Sa. und So. 11.00–17.00 Uhr).

Umgebung: 5 km die Swina abwärts Richtung Ostsee steht auf Wollin der höchste **Leuchtturm** (Laternia Morska, 68 m; 1857) der polnischen Ostseeküste. 300 Stufen führen zum weiten Blick über die Ostseeküste und über das Stettiner Haff. Bis in Polens bekanntestes Seebad **Międzyzdroje**/Misdroy sind es rund 15 km; 1832 war es als eines der frühen Ostseebäder Deutschlands entstanden. Zur See hin erstreckt sich ein breiter, feiner, von Dünen geschützter Sandstrand, an manchen Stellen ragt die Steilküste 100 m hoch auf. Der

Kleine Pause am Hafen von Ueckermünde

westl. Teil der Insel gehört zum polnischen Nationalpark Wollin. Hier leben inzwischen wieder Wisente, vor Jahren ausgewildert. Eine schwarz markierte Wanderroute führt von Misdroy über Kawcza Gora zum Wisentreservat (Di.–So. 10.00–18.00 Uhr).

ⓘ Touristik-Information, Wybrzele Wladyslawa IV (przeprawa promowa), PL-72600 Swinoujscie, Tel./Fax 0048/91/3224999, www.swinoujscie.pl

Ueckermünde 5

Das Landstädtchen (11 000 Einw.) liegt schön zwischen den Sandstränden am Stettiner Haff und den Wäldern der Ueckermünder Heide. Sein Ursprung ist eine Slawensiedlung (Stadtrecht 1260). Marktplatz und Hauptstraße erstrahlen in frischem Glanz. Am Hafen entsteht eine kleine Vergnügungsmeile mit Cafés und Restaurants.

Museum: Die Reste des Renaissanceschlosses der Herzöge zu Pommern-Wolgast (16. Jh.) beherbergen das **Haffmuseum** mit meeres- und heimatgeschichtlichen Ausstellungen (Am Rathaus 3; Mai–Sept. Di.–So. 9.00 bis 12.00 und 13.00–16.00 Uhr, Sa. vorm. geschl., Okt.–April Sa. und So. geschl.).

Aktivität: Rund 400 Tiere aus 100 Arten leben im nach dem Rostocker Zoo zweitgrößten **Tierpark** an der Küste (Chausseestraße 76, www.tierpark-ueckermuende.de; tgl. 10.00 bis 18.00 Uhr).

Veranstaltungen: Beim **Altstadtfest** Mitte Juli wird mittelalterliches Flair in die Innenstadt gezaubert. Bei der **Ueckermünder Haffwoche** (Aug.) feiern sich die Orte am Oderhaff selbst.

Umgebung: Ein Gartenparadies ist der **Botanische Garten** in Christiansberg (10 km östl.; Luckow-Christiansberg 123, Tel. 039775/20138, www.botanischer-garten-christiansberg.de). Der Verein **Ukranenland** hat bei Torgelow (30 km südl.) Block-, Bohlen- und Flechtwandhäuser des 9. und 10. Jh. nachgebaut; Bronzegießern, Töpfern und Schmieden kann man bei der Arbeit zuschauen (Jatznicker Straße 31, www.ukranenland.de; Mitte April–Okt. tgl. 10.00–17.00 Uhr).

ⓘ Fremdenverkehrsverein Stettiner Haff, Ueckerstaße 96, 17373 Ueckermünde, Tel. 039771/28284, 039771/28487, www.urlaub-am-stettiner-haff.de

TIPP

Chira rennt

Wenn es im Nordosten richtig kalt wird, das Haff zufriert und die Wälder im Schnee versinken, ist Chira kaum noch zu halten. Die sibirische Husky-Hündin will raus und rennen, rennen, rennen. Die anderen sechs Huskys folgen. ›Am liebsten laufen die Hunde bei Frost‹, weiß Manfred Fastnacht. Wenn kein Schnee liegt, spannt er seine Huskys und den weißen Schäferhund vor einen Trainingswagen, eine Alukonstruktion mit großen Stollenreifen. Mit 20 bis 30 km/h rauschen die Gespanne durch die Landschaft – zwei Stunden oder auch länger. Ihre Hunde haben Manfred und Christa Fastnacht aus dem Tierheim. Die Hundeeltern lieben ihre Tiere, schlafen auch mal im Schlafsack bei ihnen im Garten. Ihre Einnahmen spenden sie für Not leidende nordische Hunde (www.nordische-in-not.de). Gefahren wird von Okt. bis Mai, solange es nicht wärmer als 10 °C ist (Christa und Manfred Fastnacht, Chausseestraße 81, 17373 Ueckermünde, Tel. 039771/23885, huskyhof@freenet.de).

Usedom 6

Der uralte Siedlungsplatz erhielt 1298 Stadtrecht und gab der ganzen Insel ihren Namen.

Sehenswert: Beeindruckend sind die mächtige **Marienkirche** (14., 15. und 19. Jh.) am Marktplatz und das ebenfalls im backsteingotischen Stil erbaute **Anklamer Tor**, letztes erhaltenes Stadttor (um 1450). Im ehem. Bahnhof ist das **Informationszentrum** des Naturparks Usedom mit seiner Ausstellung über Tiere, Pflanzen und Naturräume der Insel untergebracht.

Aktivitäten: Mit einem Landrover durch die Usedomer Wälder (ein Drittel der Insel ist bewaldet), mit Schlauchbooten auf dem Peenestrom, auf Pferderücken durch die Naturlandschaft oder an Bord eines Segelschoners übers Haff – ›Insel-Safari‹ bietet vor allem für Gruppen ausgefallene **Touren auf Usedom** an (Am Hünengrab 26, 17438 Wolgast, Tel. 03836/203290, www.insel-safari.de).

Umgebung: Eine stille Ecke ist die Halbinsel **Lieper Winkel** weiter nördl. Der Heimathof in Rankwitz ist ein Dorfmuseum und Begegnungsstätte zur Pflege alter Handarbeitstechniken (Hauptstraße 6, Tel. 038372/70535; nach Vereinb.). An die Zeit des Eisenbahnbaus erinnern die Reste der rund 33 m hohen und 360 m langen Eisenbahnhubbrücke (1932–1934) im Peenestrom mit kleinem Museum und Café im Stil der Bauzeit mit Kunstausstellungen im ehem. Bahnhof **Karnin** (südw.; www.denkmalensemble-karnin.de).

ⓘ Stadtinformation, Bäderstraße 5, 17406 Usedom, Tel. 038372/70890, Fax 038372/70214, www.stadtinfo-usedom

Usedom: Anklamer Tor und Marienkirche dahinter

Anklam 7

Das ehem. Hanse- und Hafenstädtchen am schiffbaren Unterlauf der Peene lebte lange von der Fischerei und vom Handel im Hansebund (Stadtrecht 1260). Nach dem Zweiten Weltkrieg stand hier kaum noch ein Stein auf dem anderen.

Sehenswert: Von der aufwändigen **Stadtbefestigung** blieben der 20 m hohe Pulverturm (bis 1461) am Markt und das spätgotische Steintor (Urspr. 13. Jh.) erhalten. In der **Marienkirche** (13.–15. Jh.) sind gotische Wandmalereien zu sehen. Das älteste Haus der Stadt (erste Erwähnung 1406) steht an der Ecke Frauen-/Mägdestraße am Pferdemarkt; der backsteinerne Ziergiebel erinnert an den einstigen Reichtum der Stadt.

Museen: Das **Lilienthal-Museum** gedenkt des 1848 in Anklam geborenen Luftfahrtpioniers Otto Lilienthal (1848–1896). Es zeigt acht der aus Holz und Stoff selbst gebauten Flugapparate, mit denen Lilienthal den Flug der Vögel imitieren wollte (Ellbogenstraße 1, www.lilienthal-museum.de; Di.–Fr. 10.00 bis 16.00, Sa., So. und Fei. 14.00–17.00 Uhr). Im Steintor ist das **Stadt- und Heimatmuseum** untergebracht (Schulstraße 1, www.museum-im-steintor.de; Di.–Fr. 10.00–17.00, Sa., So. und Fei. 14.00–17.00 Uhr). 111 Stufen sind es bis unters Dach des Tores; von hier hat man eine herrliche Aussicht bis nach Usedom.

Veranstaltungen: Im Juli das **Flugfestival**. Die **Schwedenzeit** geht im Sept. in einem Licht- und Feuerspektakel auf – eine krude Mischung aus geschichtlich und modern.

ⓘ Anklam-Information, Markt 3, 17389 Anklam, Tel. 03971/835154, Fax 03971/835175, www. anklam.de

Adressen

Überregional: Tourismusverband Mecklenburg-Vorpommern, Platz der Freundschaft 1, 18059 Rostock, Tel. 0381/4030500, Fax 0381/4030555, www.auf-nach-mv.de. Bäderverband Mecklenburg-Vorpommern, Rostocker Straße 3, 18181 Graal-Müritz, Tel. 038206/78850, Fax 038206/78850, www.baederverband.m-vp.de.

Regional: Verband Mecklenburgischer Ostseebäder, Uferstraße 2, 18211 Ostseebad Nienhagen, Tel. 038203/77610, Fax 038203/776120, info@ostseeferien.de, www.ostseeferien.de. Regionaler Fremdenverkehrsverband Vorpommern, Fischstraße 11, 17489 Greifswald, Tel. 03834/8910, Fax 03834/89122, www. vorpommern.de.

Internet: **www.vorpommern-aktuell.com** ist ein Vorpommern-Magazin mit Programm und Veranstaltungsinfos, **www.m-v.de** eine Mecklenburg-Vorpommern-Seite mit vielen Infos zu Land, Leuten, Kultur etc. **www.mv-maritim.de** zeigt die Wasserseite des Landes. **www.mcpomm.de** ist eine Aktiv-Seite mit vielen Kursangeboten, Handwerk, Öko in allen Variationen sowie Kinder- und Jugendangebote. **www.ostseeexklusiv.de** bietet Links zu Ferienwohnungsanbietern, einzelnen Orten, Sehenswürdigkeiten sowie Buchungsportal. Als umfassendes kommerzielles Mecklenburg-Vorpommern-Portal mit weiterführenden Links zeigt sich **www.tourist-mv.de. www.ostseeland.de** bietet Tourismusverbände, Gemeinden, Übernachtungen, Ferien- und Freizeitangebote, Umwelt und Natur in Vorpommern. 29 Museen im deutschen und polnischen Teil Pommerns stellen sich auf **www.pommersche-museen.de** vor.

TIPP

Usedomer Fischsuppe

1 Liter Wasser mit Salz ansetzen, Porree, Mohrrüben, Sellerie in Streifen schneiden, dazugeben und aufkochen. 1 kg Fisch – Zander, Dorsch, Lachs oder Barsch – darin aufkochen und den Fisch herausnehmen. Butter und gehackte Zwiebeln andünsten, mit Mehl bestäuben und mit einem guten Schluck Weißwein ablöschen. Dann das Ganze mit dem Fischsud und 200 ml Milch einmal aufkochen und unter ständigem Rühren 5 Min. köcheln lassen. Mit Salz und Pfeffer abschmecken. Zum Anrichten den Fisch hineingeben, mit frischem Dill und gehackter Petersilie dekoriert servieren.

Anreise

Auto: Im Sommer führen alle Wege zum gleichen Ziel: in den Stau. Die Küstenautobahn A 20 soll Entlastung bringen, verläuft aber bis zu 50 km tief im Hinterland. Vor allem die Zufahrten auf die Inseln sind überlastet. Ein neuer, rund um die Uhr befahrbarer Rügendamm ist im Bau; er soll die alte Zugbrücke von 1936 ersetzen.

Bahn: **Deutsche-Bahn**-Verbindungen in alle größeren Orte an der Küste via Berlin (–Pasewalk–Greifswald–Stralsund–Binz) und Hamburg (–Wismar–Rostock–Stralsund); u. a. in Züssow und Velgast Anschluss an die Usedomer Bäderbahn. Für die Fahrradmitnahme in den Regionalzügen gibt es eine vier Monate lang gültige Fahrradkarte (Fahrplanauskunft, Reservierungen und Buchungen kostenpflichtig unter Tel. 11861, automatische Fahrplanauskunft kostenlos unter Tel. 0800/1507090 bzw. kostenpflichtig aus Mobilfunknetzen unter Tel. 01805/221100 oder www.bahn.de; Usedomer Bäderbahn Tel. 038378/27132 oder www.ubb-online.com). Günstiger als die Deutsche Bahn bietet **Interconnex** seine Fahrscheine auf den Strecken Gera–Berlin–Rostock und Dresden–Berlin–Stralsund an. Der Nachteil: Die Deutsche Bahn ist auf den meisten Strecken etwas schneller und fährt häufiger (Auskünfte kostenpflichtig unter Tel. 01805/101616 oder www.connex-gruppe.de).

Autoreisezüge: Von Stuttgart, Frankfurt und Dortmund fahren im Sommer Autoreisezüge an die Küste; das Auto wird auf die Bahn verladen – nicht billig, aber stressfrei (Auskunft: DB-Nachtzüge kostenpflichtig unter Tel. 01805/141514 oder www.nachtzugreise.de, CityNightLine kostenpflichtig unter 01805/141514 oder www.citynightline.ch; DB-Autozug kostenpflichtig unter Tel. 01805/241224 oder www.dbautozug.de).

Flug: Verbindungen nach **Rostock-Laage** (www.rostock-airport.de) und **Heringsdorf** (www.flughafen-heringsdorf.de).

Essen und Trinken

Jahrhundertelang diktierten das Meer und der geringe Ertrag der sandigen Küstenböden den Speiseplan der Fischer an der Küste. Die landestypische Küche ist schlicht, bodenständig und auf Menschen ausgerichtet, die hart körperlich arbeiten. Die Ostsee liefert vor allem Aal (in Vorpommern), Dorsch, Flunder, Hecht, Hering, Scholle und Zander. Dazu gibt es traditionell ›Tüften‹ (Kartoffeln) und heimisches Gemüse. Getrunken werden Bier und Schnaps – meist Korn oder ›Köm‹ (Kümmel). Vor allem in den

Erfolgreicher Neuanfang: Usedomer Bäderbahn

Seebädern lassen sich die Köche der Restaurants immer neue Fischgerichte einfallen: Fischsuppen, Hering in Mandelpanade, in Bierteig, gebeizt, geräuchert oder eingelegt in verschiedenen Marinaden. Aus dem Hinterland kommen Pilze, Wild und Geflügel zum Beispiel für den pommerschen Entenbraten mit Sauerkraut oder einen Hirschbraten.

Hotels (eine Auswahl)

Von Varta-Experten geprüft; weitere Adressen im ›Varta-Führer‹ (im Buchhandel erhältlich).

Preise:

●●●●	Doppelzimmer	über 200 €
●●●	Doppelzimmer	150–200 €
●●	Doppelzimmer	100–150 €
●	Doppelzimmer	50–100 €

Ahlbeck: ●●● **Seehotel Ahlbecker Hof,** Dünenstraße 47, 17419 Ahlbeck, Tel. 038378/620, Fax 038378/62100, www.seetel.de. Aufwändig und edel eingerichtete Zimmer, großzügiges Bade- und Wellnessareal. 45 Z., 25 Suiten.

Baabe: ●● **Solthus am See,** Bollwerkstraße 1, 18586 Baabe, Tel. 038303/87160, Fax 038303/871699, www.solthus.de. Reitmöglichkeit in der Nähe, Sauna, Solarium, Hallenbad. 37 Z., 2 Suiten.

Bad Doberan: ●●●● **Grand Hotel Heiligendamm,** 18209 Bad Doberan/Heiligendamm, Tel. 038203/7400, Fax 038203/7407474, www.kempinski-heiligendamm.de. Luxuriöser Hotelkomplex bestehend aus sechs Gebäuden in klassizistischem Stil. 118 Z., 107 Suiten.

Barth: ●●●●/● **Speicher Barth,** Am Osthafen, 18356 Barth, Tel. 038231/63300, Fax 038231/63400, www.speicher-barth.de. Historisches Speichergebäude, das heute über modern eingerichtete ein- und zweigeschossige Appartements verfügt. 43 Z., 29 App., 10 Suiten.

DATEN UND FAKTEN

- **Landschaft und Natur:** Die hügelige Landschaft und die vielen Seen haben schmelzende Gletscher hinterlassen. Auch der buchten- und lagunenreiche Küstenverlauf Vorpommerns mit den vorgelagerten Inseln entstand infolge der letzten Eiszeit. Ein großer Teil der Küste Vorpommerns steht unter dem strengen Schutz der Nationalparks Vorpommersche Boddenlandschaft (zwischen Rügen und dem Darß) und Jasmund (Rügen) sowie des Biosphärenreservats Südost-Rügen. Die intensive Landwirtschaft der DDR hatte Seen und Boden vor allem in Mecklenburg schwer mit Pflanzengiften und Kunstdünger belastet. Inzwischen hat sich das Land davon weitgehend erholt.
  Das Wasser der schmelzenden skandinavischen Eiszeitgletscher füllte auch das Becken zwischen Skandinavien, Russland und dem mitteleuropäischen Festland. Heute ist die dadurch entstandene Ostsee nur noch über das schmale Kattegat zwischen Dänemark und Schweden mit den Weltmeeren verbunden. Weil hier nur wenig Wasser aus den Ozeanen einströmt, enthält die Ostsee mit etwa 8‰ deutlich weniger Salz, als die Nordsee oder der Atlantik. Die Unterschiede zwischen Ebbe und Flut (Tidenhub) sind mit 20 bis 40 cm gering. In der fast abgeschlossenen Ostsee richtet die Umweltverschmutzung noch mehr Schäden an als in den großen Ozeanen. Immer wieder wird vor möglichen Unfällen mit Frachtern und Öltankern in der dicht befahrenen Kadetrinne vor der deutschen Küste gewarnt. Nach Informationen der Umweltstiftung WWF entging die Ostsee allein 2004 drei Mal knapp einer Ölpest.
  Mehr als 65 000 Tonnen Bomben, Granaten und Fässer mit den Nervengiften kippten die Alliierten nach Kriegsende in die Ostsee. Die DDR-Marine versenkte noch in den 1960er-Jahren Giftgasmunition zwischen Rügen und Bornholm. Auf Usedom spült die See Phosphor aus verrottenden Munitionskisten an, oft mit Bernstein verwechselt. Immer wieder verbrennen sich Urlauber an dem hochgiftigen Material.
  Für die Fische fordern Umweltschützer seit langem Schutzgebiete in der Ostsee. Dorsch und andere beliebte Ostseefische werden knapp. Es wird mehr gefangen als nachwächst.
- **Klima:** Das Seeklima von Nordsee und Atlantik wirkt tief nach Mecklenburg hinein. Je weiter man nach Osten reist, desto bestimmender wird jedoch das mitteleuropäische Kontinentalklima. Die Sommer sind trockener und wärmer, die Winter deutlich kälter und länger. Wenn im Rheinland die Bäume schon grün sind, zeigen sich an den Bäumen und Sträuchern in Vorpommern erst zaghafte Frühlingsknospen. Dennoch zählt Usedom nach der Wetterstatistik die meisten Sonnenstunden Deutschlands (1906 Std./Jahr), gefolgt von Binz auf Rügen (rund 1850 Std.).
- **Verwaltung und Bevölkerung:** Das nach der deutschen Wiedervereinigung wieder gegründete Land Mecklenburg-Vorpommern erstreckt sich entlang der Ostseeküste von der Lübecker Bucht bis zur polnischen Grenze am Stettiner Haff. Nach langem Streit zwischen der größten Stadt Rostock (knapp 200 000 Einw.) und der ehem. Residenzstadt Schwerin wurde schließlich Letztere kleinste Landeshauptstadt Deutschlands. Rostock blieb die Rolle als wichtigster Seehafen, Wirtschafts- und Hochschulstandort des Landes. Der heutige Landesteil Vorpommern wurde 1945 von der preußischen Provinz Pommern abgetrennt; Hinterpommern zwischen der Oder und Danzig (Gdánsk) mit der Landeshauptstadt Stettin (Szczecin) kam zu Polen. Inoffizielle Hauptstadt und größte Stadt Vorpommerns ist Stralsund. In ganz Mecklenburg-Vorpommern leben rund 1,7 Mio. Menschen. Die Einwohnerzahl soll allerdings weiter zurückgehen. Vor allem junge Leute wandern aus den ländlichen Gemeinden des Hinterlands und aus Vorpommern ab.
- **Wirtschaft:** In vielen Orten an der Küste ist der Tourismus inzwischen die wichtigste Einnahmequelle. Landwirtschaft, Fischerei und Schiffbau, zu DDR-Zeiten die wichtigsten Wirtschaftszweige, lohnen kaum noch. Nur die großen Werften in Rostock und Stralsund sowie einige kleinere Schiffbaubetriebe haben überlebt – oft mit einem Zehntel der früheren Belegschaft. Im Sommer 2005 überholte Mecklenburg-Vorpommern das bis dato beliebteste deutsche Urlaubsland Bayern. Dennoch: Die Saison an der Küste ist kurz. Wachsende Bedeutung gewinnt Stromerzeugung aus regenerativen Energiequellen. Vor dem Zingst entsteht Ostdeutschlands erster Offshore-Windpark – Gegner des Projekts fürchten, dass weniger Touristen kommen, wenn sich am Horizont über der See Windräder drehen. Die Nähe zur Universität mit ihren Forschungseinrichtungen hat in Greifswald Biotechnologie- und Solartechnikunternehmen angelockt.
  Fast alle Städte und Gemeinden des Landes meldeten 2005 Arbeitslosenquoten von mehr als 20%. Schwach ist die Wirtschaftsstruktur in den Kreisen Ostvorpommern (OVP) und Uecker-Randow (UER) an der polnischen Grenze. Mit wachsendem Erfolg siedeln sich dort Unternehmen aus Polen an. Auch polnische Familien und Studenten aus dem teuer gewordenen Stettin ziehen ins preisgünstigere deutsche Grenzgebiet.

Vor allem auf Rügen blieben kopfsteingepflasterte Alleen erhalten

Binz: €€/€ **Loev Hotel**, Hauptstraße 20, 18609 Binz, Tel. 038393/390, Fax 038393/39444, www.loev.de. Hotel mit sehr guter Ausstattung, ca. 50 m von Strandpromenade und Seebrücke entfernt. 73 Z., 4 App.

Greifswald: € **Galerie**, Mühlenstraße 10, 17489 Greifswald, Tel. 03834/7737830, Fax 03834/7737831, www.hotelgalerie.de. Zimmer mit zeitgenössischer Originalkunst. 11 Z.

Heringsdorf: €€€/€€ **Villa Augusta**, Delbrückstraße 17, 17424 Heringsdorf, Tel. 038378/47160, Fax 038378/471649, www.classicflairhotel.com. Im Stil der Bäderarchitektur erbaute Villa inmitten eines parkähnlichen Gartens. 23 Z., 1 Suite.

Hiddensee: € **Heiderose**, In den Dünen 127, 18565 Insel Hiddensee, Tel. 038300/630, Fax 038300/63124, www.heiderose-hiddensee.de. Großzügige Hotelanlage mit Reetdach-Ferienhäusern. Naturnahe Lage, schöne Aussicht. 32 Z., 39 App., 1 Suite.

Klütz: €€/€ **Gutshaus Stellshagen**, Lindenstraße 1, 23948 Klütz-Stellshagen, Tel. 038825/440, Fax 038825/44333, www.gutshaus-stellshagen.de. Ökologisch betriebenes Gesundheits- und Nichtraucherhotel. 45 Z., 2 App., 3 Suiten.

SPECIAL

Handelsmacht Hanse

Durch den Handel mit ihren Schiffen reich und mächtig geworden, schlossen im 14. Jh. die ersten Städte an der Ostseeküste unter der Führung Lübecks den Hansebund. Entstanden war das Schutzbündnis aus der 1161 gegründeten Kaufmannsvereinigung der Gotlandfahrer. Auf dem Höhepunkt ihrer Macht im 15. Jh. vereinte die Hanse mehr als 200 Handelsstädte in Nord- und Mitteldeutschland, England, den Niederlanden, Skandinavien, Polen und Russland. Ihr Symbol waren die bauchigen, hölzernen Frachtschiffe, Koggen genannt, mit denen ihre Kaufleute die Ost- und die Nordsee befuhren. Die Spuren dieser Epoche prägen bis heute die Städte an der mecklenburgischen und vorpommerschen Küste – vor allem Rostock, Greifswald, Wismar und Stralsund. Sie dürfen sich bis heute Hansestädte nennen und tragen deshalb das ›H‹ im Autokennzeichen. Der Niedergang der Hanse begann mit der Eroberung Amerikas im 16. Jh., als sich die internationalen Handelsströme mehr und mehr auf die Transatlantikrouten verlagerten.

Kühlungsborn: €€ **Beauty Vital Residenz**, Ostseeallee 3, 18225 Kühlungsborn, Tel. 038293/15270, Fax 038293/15271, www.beauty-vital-residenz.de. Diverse Beauty- und Wellnessarrangements. 12 Suiten.

€€/€ **Aquamarin**: Hermannstraße 33, 18225 Kühlungsborn, Tel. 038293/4020, Fax 038293/40277, www.hotel-aquamarin.de. Urlaubshotel mit wohnlichen Zimmern. 59 Z., 15 App., 3 Suiten.

Poel: €€/€ **Inselhotel Poel**, Nummer 6, 23999 Insel Poel-Gollwitz, Tel. 038425/240, Fax 038425/24222, www.inselhotelpoel.de. In ruhiger Lage, nur 150 m von der Ostsee entfernt. 50 Z., 3 Suiten.

Ralswiek: €€€/€€ **Schlosshotel Ralswiek**, Parkstraße 35, 18528 Ralswiek, Tel. 03838/20320, Fax 03838/2032222, www.schlosshotel-ralswiek.de. Individuell ausgestattete Zimmer in einem 1893 erbauten Neorenaissance-Haus. 63 Z., 2 Suiten.

Rostock: €€€/€ **Courtyard**, Schwaansche Straße 6, 18055 Rostock, Tel. 0381/49700, Fax 0381/4970700, www.marriot.de. Hotel mit Jugendstilfassade, gläsernem Fahrstuhl und hochwertig eingerichteten Gästezimmern. 148 Z., 2 Suiten.

€€€€/€€ **Yachthafenresidenz Hohe Düne**, Am Yachthafen 1, 18119 Rostock-Warnemünde, Tel. 0381/50400, Fax 0381/50406099, www.yhd.de. Neu erbautes, exklusives Hotel direkt am Strand. 343 Z., 25 Suiten.

€€/€ **Godewind**, Warnemünder Straße 5, 18146 Rostock-Warnemünde-Markgrafenheide, Tel. 0381/609570, Fax 0381/60957111, www.hotel-godewind.de. Familiengeführtes Haus in regionalem Stil. 48 Z., 11 App.

Stralsund: € **Altstadt Pension Peiß**, Tribseer Straße 15, 18439 Stralsund, Tel 03831/700830, Fax 03831/7008329. Kleine Pension in der Altstadt mit kostengünstigen Zimmern, teilw. mit Blick auf die Marienkirche. 12 Z.

Ueckermünde: € **Am Markt**, Markt 3, 17373 Ueckermünde, Tel. 039771/800, Fax 039771/80409. Direkt am denkmalgeschützten Marktplatz. 31 Z., 2 Suiten.

€ **Hotel Pommernyacht**, Altes Bollwerk 1b, 17373 Ueckermünde, Tel. 039771/2150, Fax 039771/21539, www.pommernyacht.de. Modernes kleines Gebäude am Hafen. 18 Z., 1 Suite.

Zinnowitz: €€€€/€€ **Strandhotel**, Dünenstraße 11, 17454 Zinnowitz, Tel. 038377/38000, Fax 038377/38555, www.travelcharme.com/strandhotel-zinnowitz. Moderne Bäderarchitektur, Zimmer mit Blick auf die Ostsee. 69 Z.

Fischerei hat Tradition auf Usedom

Natur und Nationalpark

1990, kurz vor dem Beitritt zur Bundesrepublik, erklärte die letzte DDR-Volkskammer (Parlament) fast die ganze Ostseeküste zwischen dem Darß und der Westküste Rügens sowie das Jasmundgebiet (30 km²) mit der Kreideküste auf Rügen zum Nationalpark. Hiddensee, die Halbinsel Darß/Zingst sowie Rügens Westküste bilden mit 118 km² Land- und 687 km² Wasserfläche eines der größten Schutzgebiete Europas. Seither gestaltet die Natur die Kernzone des Nationalparks allein. Menschliche Eingriffe sind verboten. Um dieses zu erhalten, gilt allen Besuchern die dringende Bitte, auf den ausgeschilderten Wegen zu bleiben. Doch nicht alle sind von dem hohen Schutzstatus im Nationalpark begeistert. Im Sommer 1997 haben Gegner sogar einen eigenen Verein gegründet, weil die Nationalparks angeblich die wirtschaftliche Entwicklung behindern.

Nationalpark- und Gästezentrum Darßer Arche, Bliesenrader Weg 2, 18375 Wieck am Darß, Tel. 038233/70380, www.darsser-arche.de, www.darss-online.de

Nationalpark Vorpommernsche Boddenlandschaft, Nationalparkamt, Im Forst 5, 18375 Born/Darß, Tel. 038234/5020, www.nationalpark-vorpommersche-boddenlandschaft.de

Nationalpark Jasmund, Blieschow 7a, 18586 Lancken-Granitz, Tel. 038393/2425, www.nationalpark-jasmund.de

Restaurants (eine Auswahl)

Von Varta-Experten geprüft; weitere Adressen im ›Varta-Führer‹ (im Buchhandel erhältlich).

GESCHICHTE

- **Jungsteinzeit** (vor ca. 5000 Jahren) Jäger und Sammler siedelten sich in der Region an. Handelswege für Bernstein, Salz und andere Rohstoffe entstehen. Nach ihren Tongefäßen wird diese Kultur in Mecklenburg Trichterbecherkultur genannt. Rund 300 ihrer Großsteingräber blieben erhalten.
- **Um 500 v. Chr.** Slawische Stämme wanderten ein. Die aus Holz und Wällen errichtete Obotriten-Festung Mecklenburg (Michelenburg = Große Burg) gab dem Land später den Namen.
- **1160** Herzog Heinrich der Löwe von Sachsen und Bayern besiegte die Slawen unter dem Obotritenfürsten Niklot. Dieser trat mit seinem Volk zum Christentum über.
- **12./13. Jh.** Ritter, Handwerker, Bauern und Mönche aus dem heutigen Westdeutschland gründeten zahlreiche Siedlungen. So entstanden zwischen Elbe und Oder mehr als 50 Städte, rund zwei Dutzend Klöster und mehrere hundert Dörfer. Die von den Eroberern gegründeten Städte Wismar (1229 erwähnt), Stralsund (1234 gegründet) und Rostock (1218 gegründet) stiegen zu bedeutenden Hansestädten auf.
- **14./15. Jh.** Blütezeit der aus einem Kaufmannsbund entstandenen Hanse. Im Stralsunder Frieden beendeten 1370 Hanse und Dänemark ihre jahrzehntelangen Kriege um die Herrschaft an der Ostsee. Die Hanse erreicht den Höhepunkt ihrer Macht.
- **Ab 1500** Mit der Eroberung Amerikas verlagerten sich die wichtigsten Handelswege auf den Atlantik. Die Seewege um Afrika nach Indien und Ostasien eröffneten weitere lukrative Geschäftsfelder. Der Ostseehandel verlor an Bedeutung. Die Hansestädte verarmten.
- **1549** Mecklenburg protestantisch.
- **1648** Nach dem Ende des Dreißigjährigen Krieges bekam Schweden im Westfälischen Frieden die vorpommersche Küste mit Stralsund, Rügen und Stettin sowie Wismar, Neukloster und die Insel Poel zugesprochen.
- **18. Jh.** Nach dem Vorbild der absolutistischen Herrscher in großen europäischen Ländern ließen sich mecklenburgische Gutsherren Schlösser und Landsitze bauen.
- **1793** Am Heiligen Damm bei Bad Doberan wurde das erste deutsche Seebad gegründet. Das zweite folgte 1803 in Boltenhagen.
- **1815** Der Wiener Kongress beschloss, dass ganz Vorpommern preußisch wurde. Mecklenburg verpachtete Wismar und Poel bis 1903 weiter an das Königreich Schweden.
- **1820** Mecklenburg schaffte als letztes deutsches Land die Leibeigenschaft ab.
- **Mitte 19. Jh.** Industrialisierung an der Küste. In den wachsenden Hansestädten entstanden Werften und Maschinenbauunternehmen. 1851 baute die Neptunwerft in Rostock Deutschlands ersten eisernen Schraubendampfer. Dennoch wanderten im 19. Jh. allein aus Mecklenburg 170000 Menschen nach Nordamerika aus. Die meisten von ihnen flohen vor Hunger und Armut.
- **1918** Der deutsche Kaiser dankte ab. Mecklenburg wurde Republik, Pommern blieb Teil Preußens.
- **1939–1945** 1942 flog in Peenemünde die weltweit erste Rakete. Der Zweite Weltkrieg kam nach Deutschland zurück; 1942 fiel Rostock in Schutt und Asche, 1944 Teile Stralsunds und Anklam, und 1945 waren fast alle Städte in Vorpommern zerstört. Nach dem Sieg lösten die Alliierten das Land Preußen auf. Die Oder wurde neue Grenze.
- **1945–1949** Unter dem Motto ›Junkerland in Bauernhand‹ enteignete die Sowjetische Militäradministration in der späteren DDR Großgrundbesitzer.
- **1952** Die DDR löste die Länder auf; das heutige Mecklenburg-Vorpommern wurde auf die gegründeten Bezirke Rostock, Schwerin und Neubrandenburg verteilt. Unternehmer wurden enteignet, Bauernhöfe zu Landwirtschaftlichen Produktionsgenossenschaften (LPG) zusammengefasst. Große Betriebe, die Partei und der Gewerkschaftsbund FDGB bauten überall an der Küste Ferienheime. Viele DDR-Bürger hofften auf einen Urlaubsplatz an der See; bei der Vergabe wurden Arbeiter aus den Rohstoff-, Schwerindustrie- und Chemiebetrieben im Süden bevorzugt.
- **1961** Die DDR-Führung unter Walter Ulbricht ließ die Grenze zur Bundesrepublik mit Stacheldraht und Betonsperren schließen.
- **1970er-Jahre** Die DDR begann in Lubmin bei Greifswald mit dem Bau des größten Atomkraftwerks in Europa. An der Küste arbeiteten die meisten Menschen auf den Werften, in der Fischverarbeitung und anderen Industriezweigen. Im Hinterland war die hoch industrialisierte Landwirtschaft größter Arbeitgeber.
- **1989** Das SED-Regime öffnete die Grenzen zum Westen. 1990 schloss sich die DDR der Bundesrepublik Deutschland an. Am 14. Oktober kam der erste Landtag des neu gegründeten Landes Mecklenburg-Vorpommern im Schweriner Schloss zusammen. Schwerin hatte sich gegen Rostock als Hauptstadt des neuen Landes durchgesetzt.
- **Seit 1990** Nach Einführung der D-Mark in der DDR brachen den dortigen Großbetrieben die Absatzmärkte in Osteuropa weg. Die meisten der technisch veralteten Betriebe mussten schließen. Gleichzeitig investierten Bund, Länder und Europäische Union von 1990 bis 2005 rund zwölf Billionen Euro in die ostdeutsche Infrastruktur. Die Altstädte wurden restauriert.
- **2005** Erstmals kamen mehr Sommer-Urlauber nach Mecklenburg-Vorpommern als nach Bayern oder Schleswig-Holstein.

Preise:

€€€€	Hauptspeise	über 20 €
€€€	Hauptspeise	15–20 €
€€	Hauptspeise	10–15 €
€	Hauptspeise	5–10 €

Anklam: €€/€ **Gaststätte Am Steintor,** Neuer Markt 2, 17389 Anklam, Tel. 03971/833050, www.gaststaette-am-steintor.de. Ruhetag: Mo. In rustikaler Umgebung gut und günstig.

€€/€ **Vis a Vis,** Kleiner Wall 11, 17389 Anklam, Tel. 03971/211557. Regionale Küche, ungezwungenes Ambiente, Terrasse.

Binz: €€€/€€ **Poseidon,** Lottumstraße 1, 18609 Binz, Tel. 038393/2669, www.ruegen-schewe.de. Gemütliches Fischrestaurant.

Greifswald: €€€€/€€€ **Le Croy,** Rakower Straße, 9, 17489 Greifswald, Tel. 03834/775845, Ruhetag: Mo. Gourmetrestaurant im Pommerschen Landesmuseum.

Heringsdorf: €€€/€ **Lutter & Wegner,** Kulmstraße 3, 17424 Heringsdorf, Tel. 038378/22125, www.l-w-berlin.de. Dem netten Bistro ist eine Weinhandlung angeschlossen.

Kühlungsborn: €€€/€€ **Brunshöver Möhl,** An der Mühle 3, 18225 Kühlungsborn, Tel. 038293/937. Historisches Mühlenambiente, gutbürgerliches Speisenangebot. Ruhetag: Mo. (Okt.–April).

€€/€ **Café Meeresblick,** Ostseeallee 45, 18225 Kühlungsborn, Tel. 038293/60951, Stilvolles Konditoreicafé an der Strandpromenade.

Loddin: €€€/€€ **Waterblick,** Am Mühlenberg 5, 17459 Loddin, Tel. 038375/20294, Rustikales, bürgerliches Lokal, in dem überwiegend Fischgerichte angeboten werden.

Middelhagen: €€€/€ **Kliesow's Reuse,** Dorfstraße 23a, 18586 Middelhagen, Tel. 038308/2171, www.gasthof-kliesows-reuse.de. Ruhetag: Di. Rustikales Fischerlokal mit deftiger Küche, originell eingerichtet.

Ribnitz-Damgarten: €€€€/€€ **Hafenschenke,** Am See 1a, 18311 Ribnitz-Damgarten, Tel. 03821/894830, www.hafenschenke.de. Ruhetag: Mo. (Nov.–April).

Rostock: €€€€/€ **Zur Kogge,** Wokrenterstraße 27, 18055 Rostock, Tel. 0381/4934493. Deutsche Küche in atmosphärischer Umgebung.

€€ **Borwin Hafenrestaurant,** Am Strande 2, 18055 Rostock, Tel. 0381/4907525, Fischrestaurant am Stadthafen mit gemütlicher Ausstattung.

Stralsund: €€€ **Tafelfreuden im Sommerhaus,** Jungfernstieg 5a, 18437 Stralsund, Tel. 03831/299260, www.tafelfreuden-stralsund.de. Ruhetag: Mo. Auswahl an frisch zubereiteten Speisen und ausgesuchten Weinen.

€€€/€ **Braugasthaus Zum Alten Fritz,** Greifswalder Chaussee 84, 18439 Stralsund-Franken, Tel. 03831/255500, www.alter-fritz.de. Gesellige Brauereigaststätte mit origineller Einrichtung.

Warnemünde: €€€€/€€ **Atlantic Il Ristorante,** Am Strom 107, 18119 Rostock-Warnemünde, Tel. 0381/52655, www.restaurant-atlantic.de. Italienische Küche, schöner Ausblick auf den Hafen.

€€ **Meyer's Mühle,** Mühlenstraße 44, 18119 Rostock-Warnemünde, Tel. 0381/54250. Originalgetreu rekonstruierte Galerie-Holländer-Windmühle, die zwei Restaurants beherbergt.

Wieck am Darß: €€€€/€€€ **Haferland,** Bauernreihe 5a, 18375 Wieck am Darß, Tel. 038233/680, www.hotelhaferland.de. Rustikal-stilvolles Restaurant mit Ostsee-Aussicht.

Wismar: €€€€/€€€ **Schröders Gourmet im Hotel Reingard,** Weberstraße 18, 23966 Wismar, Tel. 03841/284972, Ruhetag: So. Elegantes Restaurant mit Bar.

€€€/€€ **Reuterhaus,** Am Markt 19, 23966 Wismar, Tel. 03841/22230, Nostalgisches Restaurant mit Terrasse und Mecklenburger Küche.

Wolgast: €€/€ **Zur Schwedenschanze,** 17438 Wolgast-Mahlzow, Tel. 03836/200313, www.schwedenschanze.de. Regionale Küche und schöne Terrasse.

TIPP

Aus alten Zeiten

›Weißt Du, warum der preußische Adler immer die Zunge rausstreckt?‹ ›Damit er dem pommerschen Greif besser am A... lecken kann.‹ In den Heimatstücken der plattdütschen ›Späldäl‹ aus Stralsund geht es derb zu. Erinnert wird auch an derbe Zeiten, als zwischen Fischland und Darß noch eine Grenze verlief: die zwischen Mecklenburg im Westen und Preußisch-Pommern im Osten. Die armen Leute – zumeist Bauern und Tagelöhner – nutzten die Grenze für kleine Zuverdienste und schmuggelten vor allem Salz und Kaffee vom armen Mecklenburg ins noch ärmere Pommern. Das Platt der Ostseeküste war zu DDR-Zeiten fast verschwunden. Inzwischen ist der Dialekt wieder angesagt. So sind die Auftritte der ›Späldäl‹ gut besucht (Darß-Festspiele Wieck, Tel. 038233/71995, www.darss-festspiele.de).

Sport

Angeln: Vor allem in den Boddengewässern zwischen Ribnitz-Damgarten und der polnischen Grenze leben sehr viele Fische, zum Beispiel Hechte, Zander, Barsch und Dorsch. Einen guten Überblick über Bestände, Saisonzeiten und Angelbedingungen bietet die Internetseite www.bodden-angeln.de. Über landesweite Angelreviere und Regeln informiert die Internetseite www.mvweb.de/angeln.

Radfahren: Mecklenburg-Vorpommern ist ein ideales Radfahrgebiet. 2300 km Fernradwege auf sieben Routen verlaufen durch das Bundesland. Beim Tourismusverband gibt es kostenlos die Broschüre ›Rad-Rundtouren‹ mit 21 Radrundwegen und Themenrouten beispielsweise zu Backsteingotik, Gutshäusern, Residenzstädten und Schlössern oder Regionen wie Fischland-Darß-Zingst, Rügen, Usedom und das Warnowtal.

Reiten: Unter www.reiten-in-mv.de hat das Schweriner Landwirtschaftsministerium ein Reiter-Portal ins Internet gestellt. Dort fin-

Wo geht es hier weiter ...

den sich Infos zu Reitwegen und zu Reiterhöfen sowie eine Suchmaschine, über die Urlauber einen nach ihren Wünschen finden. Links führen zu Seiten der einzelnen Höfe, der regionalen Tourist-Informationen und zu Reitervereinen.

Wandern: Gut 1300 km Wanderwege sind in Mecklenburg-Vorpommern ausgeschildert. Durch das Land führen der Europäische Fernwanderweg E9 entlang der Küste und der Europäische Fernwanderweg E10, der auf der Insel Rügen beginnt und durch die Mecklenburgische Seenplatte Richtung Süden nach Brandenburg verläuft.

Wassersport: Fast die ganze Küste entlang ziehen sich die Badestrände für die unterschiedlichsten Ansprüche von sanft und flach bis rau und einsam. Spaß- und Erlebnisbäder überbrücken nicht nur die kalte Jahreszeit. Auch für Segler und Surfer gibt es viele Möglichkeiten vom Ausleihen einer kleinen Jolle bis zur Fünf-Sterne-Marina für die eigene Jacht. Neben den Fremdenverkehrsorganisationen bietet die detailreiche Website www.mv-maritim.de umfangreiche Informationen. Auf dem Internetportal www.charterhanse.de präsentieren sich Vercharterer und Bootsvermieter mit insgesamt rund 1500 Booten und Schiffen; man sieht direkt, welches Boot wann frei ist, und kann online buchen.

Wintersport: Mit Geschwindigkeiten bis zu 120 km/h sausen die Eissegler auf drei Kufen im Winter über die zugefrorenen Bodden, sobald das Eis mindestens 12 cm dick ist. Informationen, Gelegenheiten zum Mitsegeln und Reviere unter: www.eissegeln.de, www.mv-maritim.de oder www.fischland-darss.net.

Register

Register

Fette Ziffern verweisen auf Abbildungen.

Impressum

Verlag: HB Verlag, Marco-Polo-Zentrum, 73760 Ostfildern, Postfach 3151, 73751 Ostfildern, Tel. 0711/4502-0, Fax 0711/4502-135, www.hb-verlag.de, info@bildatlas.de
Geschäftsführer: Dr. Thomas Brinkmann, Dr. Stephanie Mair-Huydts

Chefredaktion und Programmleitung: Rainer Eisenschmid, Birgit Borowski
Redaktion: Horst Keppler
Text: Robert B. Fishman, Bielefeld
Exklusiv-Fotografie: Sabine Lubenow, Köln
Titelbild: Bilderberg/Böttcher (Strand von Binz)
Grafische Konzeption und Layout: CYCLUS · Visuelle Kommunikation, Stuttgart
Kartografie: © MAIRDUMONT GmbH & Co KG, Ostfildern
HB Bildatlas Fotoservice: HB Verlag, Marco-Polo-Zentrum, 73760 Ostfildern, Tel. 0711/4502-266, Fax 0711/4502-1006, a.nebel@mairdumont.com

Anzeigenvermarktung: MAIRDUMONT MEDIA, Tel. 0711/4502333, Fax 0711/45021012, media@mairdumont.com, http://media.mairdumont.com
Vertrieb Zeitschriftenhandel: Partner Pressevertrieb GmbH, Postfach 810420, 70521 Stuttgart, Tel. 0711/7252-227, Fax 0711/7252-310
Vertrieb Abonnement: Zenit Pressevertrieb GmbH, Postfach 810640, 70523 Stuttgart, Tel. 0711/7252-265, Fax 0711/7252-333, hbverlag@zenit-presse.de
Vertrieb Buchhandel und Einzelhefte: MAIRDUMONT GmbH & Co KG, Marco-Polo-Zentrum, 73760 Ostfildern, Tel. 0711/4502-0, Fax 0711/4502-340
Reproduktionen: Otterbach Medien KG GmbH & Co., Rastatt
Druck und buchbinderische Verarbeitung: Echter Druck GmbH, Würzburg. Printed in Germany

Zeichenerklärung

Prunkvolle Paläste, prächtige in Pastelltönen schimmernde Hausfassaden, geschwungene Brücken, vergoldete Kuppeln und Turmspitzen spiegeln sich in vielen Flüssen und Kanälen und verhelfen der Stadt an der Newa zu einzigartiger architektonischer Pracht.

Drei winzige Länder auf engstem Raum, verbunden durch ein ähnliches Schicksal und dennoch so unterschiedlich in Sprache, Temperament und Kultur. Estland, Lettland und Litauen haben das Grau der Sowjetzeit durch die Farben des Neuanfangs ersetzt.

Österreichs Sonnenland begeistert mit hübschen Badeseen und imposanten Bergen, mit naturbelassenen Tälern und seltener Alpenflora und -fauna. Urbane Vitalität zeigen dagegen die Landeshauptstadt Klagenfurt sowie das beinahe schon mediterran wirkende Villach.

Lieferbare Ausgaben

HB Bildatlas

DEUTSCHLAND

227 Allgäu
198 Altmühltal
204 Bayerischer Wald
235 Berlin
235 Berlin (englische Ausgabe)
289 Bodensee
111 Brandenburg
178 Chiemgau · Berchtesgadener Land
274 Dresden · Sächsische Schweiz
256 Eifel · Aachen
260 Elbe und Weser · Bremen
171 Erzgebirge · Vogtland · Chemnitz
190 Fichtelgebirge · Frankenwald · Coburger Land
242 Frankfurt · Taunus · Rheingau
269 Fränkische Schweiz
253 Hamburg
253 Hamburg (engl. Ausgabe)
73 Hannover · Braunschweiger Land
263 Harz
188 Hessisches Bergland
234 Hunsrück · Naheland · Rheinhessen
233 Leipzig · Halle · Magdeburg
209 Lüneburger Heide
285 Mainfranken
179 Mecklenburgische Seen
240 Mecklenburg-Vorpommern
151 Mittelfranken
249 Mosel
165 München
255 Münsterland · Münster
281 Nordseeküste Schleswig-Holstein
196 Oberbayern zwischen Lech und Inn
271 Odenwald · Bergstraße
219 Osnabrücker Land · Emsland · Oldenburger Münsterland · Grafschaft Bentheim
155 Ostbayern zwischen Donau und Inn
211 Ostfriesland · Oldenburger Land
290 Ostseeküste Mecklenburg-Vorpommern
277 Ostseeküste Schleswig-Holstein
215 Pfalz
194 Potsdam · Havelland
243 Rhein zwischen Köln und Mainz
288 Rhön
208 Rügen · Usedom · Hiddensee
161 Saarland
258 Sachsen
286 Sachsen-Anhalt
268 Sauerland
200 Schwäbische Alb
266 Schwarzwald · Norden
214 Spreewald · Lausitz · Märkisch-Oderland
247 Südlicher Schwarzwald
224 Sylt · Amrum · Föhr
182 Tauber und Neckar · Stuttgart · Heilbronn · Rothenburg
173 Teutoburger Wald · Ostwestfalen
261 Thüringen
141 Thüringer Wald
202 Trier
237 Weserbergland

BENELUX

246 Amsterdam
187 Flandern · Brüssel
62 Luxemburg
275 Niederlande

FRANKREICH

160 Atlantikküste
278 Bretagne
217 Burgund
225 Côte d'Azur · Monaco
222 Elsass
221 Korsika
132 Normandie
229 Paris
192 Provence
184 Südfrankreich · Languedoc-Roussillon

GRIECHENLAND

193 Athen · Peloponnes
140 Griechische Inseln: Kykladen
189 Korfu · Ionische Inseln
228 Kreta
104 Rhodos · Dodekanes
166 Zypern

GROSSBRITANNIEN · IRLAND

158 Irland
197 Kanalinseln
175 London
231 Nordengland
144 Schottland
241 Südengland
216 Wales

ITALIEN · MALTA · KROATIEN

195 Adriaküste · Emilia-Romagna
239 Gardasee · Trentino
156 Golf von Neapel · Kampanien
265 Italienische Riviera
282 Italien · Norden
238 Kroatische Adriaküste
254 Malta
210 Mittelitalien: Marken · Umbrien · Abruzzen
270 Oberitalienische Seen · Mailand
230 Piemont · Aostatal
226 Rom
264 Sardinien
232 Sizilien
201 Süditalien: Apulien · Basilikata
207 Südtirol
267 Toskana
181 Venedig · Venetien · Friaul · Triest

MITTEL- UND OSTEUROPA

292 Baltikum
164 Böhmen
280 Bulgarien
283 Danzig · Ostsee · Masuren
248 Prag
291 St. Petersburg
244 Südpolen

ÖSTERREICH

162 Burgenland
293 Kärnten
199 Niederösterreich · Wachau
218 Oberösterreich
220 Salzburger Land · Salzkammergut · Salzburg
174 Tirol
206 Wien

SCHWEIZ

154 Basel · Bern · Aargau · Solothurn
172 Tessin
191 Westschweiz

SPANIEN · PORTUGAL

236 Algarve · Lissabon
223 Andalusien
287 Barcelona
150 Costa Blanca
262 Costa Brava
176 Gran Canaria · Fuerteventura · Lanzarote
213 Ibiza · Menorca
259 Kanarische Inseln
245 Lanzarote
212 Mallorca
203 Nordportugal
205 Nordspanien
177 Teneriffa · La Palma · Gomera · Hierro

SKANDINAVIEN

183 Bornholm
279 Dänemark
186 Jütland
180 Nordnorwegen
276 Norwegen · Süden
169 Südfinnland · Helsinki
250 Südschweden · Stockholm

TÜRKEI

252 Türkische Mittelmeerküste

AUßEREUROPÄISCHE ZIELE

273 Australien Osten · Sydney
284 China
251 Kanadas Westen
272 New York
257 Südafrika

HB Bildatlas Special

AFRIKA · NAHER OSTEN

67 Ägypten
64 Arabien: V. A. Emirate · Oman · Kuwait · Qatar · Bahrain
52 Indischer Ozean: Madagaskar · Mauritius · La Réunion · Seychellen · Komoren
72 Marokko
61 Namibia
71 Tunesien · Libyen

AUSTRALIEN · OZEANIEN

45 Australien: Westen
18 Neuseeland
38 Südsee

EUROPA

54 Madeira · Azoren · Kapverden

SÜD- UND SÜDOSTASIEN · FERNER OSTEN

12 Bali · Lombok · Java
10 Hongkong
53 Indien: Rajasthan · Delhi · Agra
39 Indien: Südindien
43 Peking
69 Philippinen
34 Sri Lanka und Malediven
49 Südkorea
70 Thailand
36 Vietnam

SÜD- UND MITTELAMERIKA · KARIBIK

44 Argentinien
57 Chile
55 Dominikanische Republik · Haiti
63 Ecuador und Galápagos-Inseln
60 Jamaika
65 Kleine Antillen: Antigua · Guadeloupe · Martinique · Barbados u. a.
33 Kuba
73 Mexiko
51 Peru

USA · KANADA

58 Alaska
62 Florida
2 Kalifornien
32 Kanadas Osten
68 Las Vegas · Grand Canyon
46 Neuengland · Boston
56 Nordwesten: Washington · Oregon
66 Route 66
26 Südwesten: Nevada · Utah · Arizona · New Mexico
59 Texas

HB Bildatlas Sonderausgaben

24 Ski-Special Alpen 2007
25 Alpen Special 2006

Anzeigen

Boltenhagen - Klützerwinkel - Hansestadt Wismar

Hansestadt Rostock - Ribnitz - Damgarten - Ahrenshoop

Insel Rügen - Hansestadt Stralsund

Herzlich Willkommen im Rheinschlößchen

★★★★

**Ferien-
appartements
der
Extraklasse!**

Bes. B. Helmboldt
Katharinenstraße 5
18586 Göhren / Rügen
Telefon (03 83 08) 2 54 14
Telefax (03 83 08) 2 52 74
www.extraklasse-ruegen.de

Genießen Sie Ihren Urlaub auf der Ostseeinsel Rügen in einem unserer exklusiven Appartements an der Hochuferpromenade.

Unter dem Motto: Traditionelles bewahren und behutsam mit Neuem verbinden wurde die denkmalgeschütze Villa in ein **wunderschönes Urlaubsdomizil mit Seeblick** umgewandelt.
Die geschmackvoll, individuell eingerichteten Appartements (40–100 qm) für 2–4 Personen verfügen über Wohnzimmer, Sat-TV und Telefon, Schlafzimmer mit Doppelbetten, Dusche/WC z.T. Bad, Balkon und komplett eingerichtete Küchen. Bettwäsche und Handtücher sind inklusive, Brötchenservice. Parkplätze sind am Haus vorhanden.
Entfernung zum Strand 150 m.

Entspannung für Körper und Seele finden Sie in unserem **Wellness- und Fitnessbereich** mit finnischer Sauna, römischem Dampfbad und Whirlpool .

Insel Usedom - Stettiner Haff

Sanus per Aquam – Gesund durch Wasser